W9-BBH-032

LA CASA DE BERNARDA ALBA

FEDERICO GARCIA LORCA

LA CASA DE BERNARDA ALBA

DRAMA DE MUJERES EN LOS PUEBLOS DE ESPAÑA

Edición, introducción y notas,
Mario Hernández

PQ
6613
.A763
C4
1981

ST. JOSEPH'S UNIVERSITY

3 9353 00286 1597

ALIANZA EDITORIAL

Primera edición: 1981
Sexta reimpresión: 1993

Dibujo de la cubierta: Apunte en una cuartilla suelta,
sin firma ni fecha. (Archivo García Lorca.)

Reservados todos los derechos. De conformidad con lo dispuesto en el
art. 534-bis del Código Penal vigente, podrán ser castigados con penas
de multa y privación de libertad quienes reprodujeren o plagiaren, en
todo o en parte, una obra literaria, artística o científica fijada en
cualquier tipo de soporte sin la preceptiva autorización

© Herederos de Federico García Lorca
© Edición, introducción y notas: Mario Hernández
© Alianza Editorial, S. A., Madrid, 1981, 1984, 1986,
1988, 1989, 1990, 1993
Calle Juan Ignacio Luca de Tena, 15; 28027 Madrid; teléf. 741 66 00
ISBN: 84-206-6104-X
Depósito legal: M. 26.230-1993
Compuesto en Fernández Ciudad, S. L.
Impreso en Lavel. Los Llanos, nave 6. Humanes (Madrid)
Printed in Spain

INDICE

Introducción, por *Mario Hernandez*   9
Ultimos proyectos literarios de García Lorca   10
La destrucción de Sodoma 28
Realidad y poesía 38

LA CASA DE BERNARDA ALBA. Drama de mujeres en los pueblos de España.

Acto primero 49
Acto segundo 85
Acto tercero 123

APÉNDICE

Diálogos de un caricaturista salvaje. (Entrevista de Bagaría a García Lorca) 153

NOTAS AL TEXTO

Análisis del autógrafo. ¿Una versión inacabada? ... 163
Criterio de la edición 171
Aparato de variantes 172

Habitación blanquísima del interior de la casa de Bernarda. Muros gruesos. Puertas en arco con cortinas de yute rematadas con madroños y volantes. Sillas de anea. Cuadros con paisajes inverosímiles de ninfas, o reyes de leyenda. Es verano.

Un gran silencio umbroso se extiende por la escena.

Al levantarse el telón está la escena sola. Se oyen doblar las campanas.

Sale la Criada 1ª   Ya tengo el doble de esas campanas metido entre las sienes.

(La portera sale corriendo e limpia y reza) Llevan ya más de dos horas de gori-gori. Han venido curas de todos los pueblos. La iglesia está hermosa. En el primer responso se desmayó la Magdalena.

Cria. — Esa es la que se queda más sola.

Poncia. — Era a la única que quería el padre. ¡Ay! Gracias a Dios que estamos solas un poquito. Yo he venido a comer.

Cria. ¡Si te viera Bernarda!

Poncia. ¡Quisiera que ahora como no come ella que

En un ensayo escrito durante la guerra civil dijo Luis Cernuda del poeta granadino: «A nadie he conocido que se hallara tan lejos de ser una imagen convencional como Federico García Lorca. Ni siquiera podíamos pensar que un día lo fijase la muerte en un gesto definitivo.» Y añade a renglón seguido: «Parecía imposible hallarlo inmóvil en nada, aunque esa nada fuese la muerte.» La imagen que lo define, indica Cernuda, es la de un río: siempre el mismo y siempre distinto, fluyendo inagotable[1]. Mas si ésta era la imagen que la persona producía, otro tanto ocurre con el reflejo literario dejado. Pocos creadores de tan rica versatilidad y capacidad de iluminar mundos tan dispares, tal como muestra su dramaturgia.

---

[1] «Federico García Lorca. (Recuerdo)», artículo fechado en «Londres, abril 1938». Cf. *Prosa completa,* ed. D. Harris y L. Maristany, Barcelona, Barral, 1975, p. 1338.

La casa de Bernarda Alba *ha sido estudiada desde diversas perspectivas, las más de las veces atendiendo a su relación con las dos tragedias que la preceden,* Bodas de sangre *y* Yerma. *En la presente ocasión he intentado hacer lo que en estricto sentido puede llamarse biografía literaria, bosquejando en lo posible la variada trama de los proyectos teatrales de García Lorca en la etapa 1935-1936. Ello implicaba recurrir a las huellas dejadas por el poeta y a los testimonios de quienes le conocieron, tratando de cribar y ordenar ese material. Es cierto que poco añaden estos datos a la consideración intrínseca de* Bernarda Alba, *a la que he dedicado un último espacio, sin duda mínimo frente a las incitaciones que la obra suscita. Pienso, no obstante, que la primera y ancilar tarea que he realizado, ya avanzada por otros críticos, no carece de interés. Cuanto mayor sea nuestro conocimiento del proceso literario vivido por García Lorca, de sus propósitos e ideología estética, mayor podrá ser nuestra capacidad de entendimiento de sus creaciones.*

ULTIMOS PROYECTOS LITERARIOS DE GARCIA LORCA

En febrero de 1935, cuando *Yerma* llevaba ya algo más de mes y medio de continuo (y polémico) éxito en el teatro Español de Madrid, García Lorca declaraba en una entrevista:

Tengo en proyecto varios dramas de tipo humano y social. Uno de estos dramas será sobre la guerra. Estas obras tienen una materia distinta a la de Yerma *o* Bodas de sangre, *por ejemplo, y hay que tratarlas con distinta técnica también.*

Por otras declaraciones del poeta, refrendadas por diversos críticos, como su propio hermano[2], sabemos del lento madurar de sus obras antes de que pasaran al papel, lo que ocurría en un tiempo relativamente breve. Antes de la escritura, la obra se define y cobra forma pormenorizada, con visión de personajes y escenas, a través de la simple comunicación oral, en la que aflora y se asienta la concepción dramática imaginada. En ocasiones, el poeta traza sobre una o dos cuartillas una síntesis del tema y desarrollo de la obra, quizá como un modo de fijar lo ideado y de precisarlo en la reflexión que la escritura impone. La descripción oral, por los datos que nos son conocidos, debía ser la más detallada, además de susceptible de cambios continuos, en tanto que las referidas anotaciones debieron cumplir una función de esbozo primigenio. En un poeta para el que la palabra cumple un papel tan importante la memoria es potencia decisiva en el proceso de creación. Ella selecciona y arraiga lo que la escritura refrendará sin alteraciones, si nos referimos a la estructura última de la obra. De ahí que, truncada súbitamente la vida del poeta, haya pervivido por testimonios diversos la estela del Federico imaginador de proyectos incesantes, de proyectos quizás arrumbados por él mismo en el transcurso de su breve vida y de otros que murieron con él. Así lo ha recordado Pablo Neruda:

Derrochaba la imaginación, conversaba con iluminaciones, regalaba la música, prodigaba sus mágicos dibujos, rompía las paredes con su risa, improvisaba lo imposible, hacía de la travesura una obra de arte. [...] Pero lo que me sobrecoge es pensar que estaba

---

[2] Francisco García Lorca, *Federico y su mundo*, Madrid, Alianza, 1980, pp. 334-335.

comenzando, que no sabemos dónde hubiera llegado si el crimen no hubiera aplastado su mágico destino. [...] Era infatigable en la creación, en la experimentación, en la elaboración. Es decir, tenía en sus manos la sustancia y las herramientas: estaba preparado para las mayores invenciones, para todas las distancias. Así, pues, viendo la belleza que nos dejó, pensando en su juventud asesinada, pienso con dolor en la belleza que no nos alcanzó a entregar [3].

El derroche vital que insinúan estas medidas y hermosas palabras de Neruda ha favorecido la imagen de un poeta elemental, de fulguraciones casuales o caprichosas. A ello han contribuido apuntes biográficos de algunos de los que le conocieron, incapaces de ver más allá del deslumbramiento, cegados por su misma luz. Como añade Neruda: «Hay dos Federicos: el de la verdad y el de la leyenda.» No importa ahora la segunda, materia de una biografía crítica. Acaso sí convenga situar *La casa de Bernarda Alba* en la última etapa creadora del poeta, en el contexto de otras obras dramáticas inacabadas o nunca nacidas, pues constancia queda de unas y otras.

Hacia el otoño de 1934, García Lorca se entrega a la creación de su obra de un modo intensísimo, con paulatino abandono del absorbente trabajo de dirección de La Barraca. F. Martínez Allende, dedicado durante largos años a tareas teatrales en Argentina, donde conoció al poeta, ha evocado su reencuentro con él poco antes del estreno de *Yerma* en Madrid (29-XII-1934) [4]. Le encontró, escribe, «consagrado a producir

---

[3] «Querían matar la luz de España», discurso pronunciado en São Paulo, 1968. Cf. *Para nacer he nacido,* Barcelona, Seix Barral, 1978, p. 107.

[4] «García Lorca, director escénico», *Gaceta del Caribe,* agosto 1944, pp. 14-15. Agradezco el conocimiento de este artículo a Francisco Giner de los Ríos.

en silencio». Si seguía alentando a los miembros de La Barraca, u orientaba el montaje de *Peribáñez,* colaborando en la música, vestuario y dirección junto a Pura Maortua de Ucelay para la representación que realizó el Club Teatral Anfistora, otra tarea primordial le ocupaba. Reflejando palabras suyas, Martínez Allende denota la siguiente convicción: «Su misión fundamental era ser poeta, y como poeta, dramaturgo.» El Teatro Universitario y la experiencia argentina le habían proporcionado el dominio y más profunda visión de la técnica teatral. A esto se aunaba, pues lo anterior no era sólo adquisición reciente, el sólido éxito obtenido con su obra dramática, primero en Buenos Aires y después en Madrid, con repercusión en otras capitales españolas. A despecho de algunas incomprensiones y ataques, el antiguo triunfo del poeta se veía consolidado de manera definitiva por el triunfo del dramaturgo. Este adquiría ya un carácter de profesional del teatro, aun sin acartonamiento o esclavitud alguna. Así, antes de estrenarse *Yerma,* García Lorca había iniciado ya la redacción de *Doña Rosita la soltera.* En el tiempo que le restaba de vida escribió *La casa de Bernarda Alba,* probablemente de un solo trazo, más la *Comedia sin título* y *Los sueños de mi prima Aurelia,* obras que no pudieron ser terminadas.

Entre los papeles del poeta se ha conservado, además, una lista de obras en proyecto. Está escrita sobre media hoja rasgada y debe corresponder a la época en que hace la declaración ya citada de febrero de 1935:

La Quimera. Drama.
El sabor de la sangre. Drama del deseo.
El miedo del mar. Drama de la costa cantábrica.
El hombre y la jaca. Mito andaluz.
La hermosa. Poema de la mujer deseada.
La piedra oscura. Drama epéntico.

Casa de maternidad.
Carne de cañón. Drama contra la guerra.
Los rincones oscuros. Obra flamenca.
Las monjas de Granada. Crónica poética.

La periodista María Luz Morales recordó para Antonina Rodrigo los proyectos que el poeta le había comunicado durante su estancia en Barcelona con motivo del estreno de *Doña Rosita*[5]. García Lorca habría hablado de una obra sobre Santa Teresa, de la que no quedan otras indicaciones, y de la tragedia *Los soldados que no quieren ir a la guerra,* tragedia de «mujeres solas»..., de mujeres vestidas de luto: madres, hermanas, novias, hijas, esposas. El título real de esta obra, al menos como puede comprobarse en la lista manuscrita del poeta, era *Carne de cañón.* La expresión coloquial y la descripción a María Luz Morales implican una actitud antibelicista: la muerte de los soldados, convertidos en «carne de cañón», al servicio de intereses ajenos al sacrificio trágico de su vida. Este horror a la guerra habría sido ya expresado por García Lorca en textos anteriores, como ha estudiado Marie Laffranque[6], especialmente en «Iglesia abandonada (Balada de la Gran Guerra)», de *Poeta en Nueva York.*

El poeta conecta, así, con una viva preocupación que han de sentir otros intelectuales del momento, de Antonio Machado a Max Aub. Aludirá en filigrana a este proyecto, lo mismo que a *El miedo del mar,* en su «Discurso a los actores madrileños», de marzo del 35. En esta ocasión reclama, para poetas y dramaturgos, desafíos formulados del siguiente modo: «"¿A que no eres capaz de expresar la angustia del mar en un personaje?"

---

[5] Cf. *García Lorca en Cataluña,* Barcelona, Planeta, 1975, página 396.

[6] En «Puertas abiertas y cerradas en la poesía y el teatro de García Lorca», *Federico García Lorca,* Madrid, Taurus, 1978, páginas 248-270.

"¿A que no te atreves a cantar la desesperación de los soldados enemigos de la guerra?"» *(Obras,* 2. *Yerma,* página 127).* En el segundo caso el canto tal vez implicara una tragedia con predominio de lo coral. Esto mismo parece dar a entender la coherente explicación de María Luz Morales.

De creer a Martínez Nadal, aunque no pueda señalarse prelación alguna, *Carne de cañón* se habría transmutado en *Caín y Abel,* con cambio de título, pero con idéntica intención [7]. El crítico y amigo del poeta no señala la identidad de proyectos, pero debe deducirse de sus palabras:

Repetidas veces me habló de este proyecto [Caín y Abel] *como de un drama feroz contra la guerra, un drama en que se entremezclarían la locura de hoy y la leyenda bíblica en juego de superimposiciones raras, pero vivísimas, con dos personajes principales sobre un fondo de multitudes y una angustia desolada.* «Al principio nadie entenderá de qué se trata», decía.

Ese fondo de multitudes tal vez fuera el friso de mujeres de luto recordado por María Luz Morales. La descripción del argumento debió ser tan vívida y concreta que la periodista esperó durante años la aparición de la obra, pensando que habría sido escrita. No obstante, las diferencias con la descripción de Martínez Nadal saltan a la vista. Frente al protagonismo femenino de uno de los proyectos, el tema de la lucha fratricida en el otro. Para resolver la oposición habría que admitir una evolución casi radical en el enfoque de un proyecto unitario en la raíz, lo que es fácilmente admisible ante el modo de proceder del poeta en la creación

---

[7] Cf. *El Público. Amor, teatro y caballos en la obra de F. G. Lorca,* Oxford, The Dolphin Book, 1970, p. 255.

de sus obras. Los mismos títulos, dando por hecho que el indicado por María Luz Morales no responde más que a la descripción, vendrían a probar la aludida evolución.

La lista arriba copiada nos lleva a otros títulos muy distintos. Uno de ellos es *Los rincones oscuros,* «obra flamenca» que ha de relacionarse con otro título: *El poema del café cantante.* La citada investigadora Antonina Rodrigo ha exhumado una noticia periodística (*Heraldo de Aragón,* Zaragoza, 21-I-1936) por la que sabemos que en ese año y mes el poeta leyó «algunos episodios» de una nueva obra a la actriz andaluza Carmen Díaz, que se hallaba entonces representando en Zaragoza [8]. García Lorca habría llegado a la ciudad para entrevistarse con la actriz, acompañado por el músico Federico Elizalde. Dice así la nota del periódico:

Se trata de un poema evocador de los cafés cantantes de Sevilla. No tiene título aún. Pero, por lo que se conoce y por lo que anticipó el poeta y dramaturgo, promete ser algo grande. Desfilarán por la escena los tipos más famosos del café El Burrero, de Sevilla, y el ambiente de aquella época en que hubo bailaoras y cantaoras de gran belleza, que por una apuesta murieron casi bailando sobre los suelos mojados de vino manzanilla.

La obra tendría por título, quizá provisional, *El poema del café cantante,* tal como he avanzado, y la música había sido compuesta por Elizalde. Carmen Díaz, por otra parte, contaba con la participación de Rafael Ortega como pareja de baile para los pasajes musicalizados. Cabe añadir que precisamente en una «Presentación de Pilar López y Rafael Ortega», fechable

---

[8] Obr. cit., p. 397.

en 1935 [9], García Lorca se había referido a una anécdota de la que, al parecer, partía *El poema del café cantante:* la muerte de una bailaora, de nombre Rita, que murió bailando a causa de un aborto producido por la misma danza, surgida inicialmente por una apuesta.

Según transmite Antonina Rodrigo, la comedia había sido ya leída a un grupo de amigos barceloneses. ¿Había sido acaso terminada, tal como se deduciría de este último hecho? Por de pronto, el título aducido no debía tener carácter definitivo, pues de lo contrario el poeta no lo habría silenciado en Zaragoza, donde sí debió describir su obra como «poema evocador de los cafés cantantes de Sevilla». La definición de «poema» cuadraría a esta comedia del mismo modo que a *Doña Rosita,* subtitulada «Poema granadino del novecientos». Por otro lado pocas dudas caben sobre la existencia de una parte escrita de la obra, pues difícilmente habría llegado el autor a ningún acuerdo con Carmen Díaz, incluso informal, sin haberle leído previamente algunas escenas. Como en el caso de *Yerma* y *Comedia sin título,* García Lorca pudo leer lo que llevaba escrito y describir el ulterior desarrollo de la comedia. Es lo que hizo respecto a las dos obras citadas ante Margarita Xirgu, volviendo luego a repetir el mismo proceder con *La casa de Bernarda Alba* ante diversos amigos, como después documentaré. El *Heraldo de Aragón* es sumamente inconcreto al hablar de la lectura de «algunos episodios», lo que probablemente haya que traducir por «algunas escenas». Sin embargo, el periodista debió estar presente en la lectura, pues traza claramente la distinción entre «lo que se conoce» y «lo que anticipó» el poeta, sacando la corres-

<hr>

[9] Así lo establece, acertadamente, Joaquín Forradellas en su edición de *La zapatera prodigiosa,* Salamanca, Almar, 1978, página 230.

pondiente deducción: la obra «promete ser algo grande». Todo indica que una vez más García Lorca leyó y revivió ante sus oyentes lo que llevaba escrito —unas escenas, constitutivas quizá de un primer acto— y describió el resto del proyecto. La evidencia de la nota periodística, aunque no se tenga noticia de ningún fragmento conservado, se aúna a la coherencia con que se enlazan los datos aportados. Aun sin documento alguno probatorio —es decir, sin manuscrito—, debe admitirse la escritura parcial de *Los rincones oscuros*.

Pero es más: por un nuevo testimonio se puede confirmar que la comedia fue, en efecto, iniciada, si bien bajo otro título: *Los sueños de mi prima Aurelia*, pieza inacabada de la que sólo se ha conservado un fragmento, equivalente a un primer acto. Las vivencias del poeta niño tienen en esta obra —y el título «autobiográfico» ya lo delata— un papel primordial. Pues bien, el diario madrileño *La Voz* publicó el 8 de octubre de 1936 un editorial en el que, tras calificar doloridamente los hechos, se evoca la personalidad y proyectos últimos del poeta asesinado:

Habíamos visto a García Lorca a fines de junio en Madrid. Lo vimos —¡cómo no!— en el saloncillo de un teatro, y de teatro y de arte nos habló con su fe encendida y con su ardoroso arrebato de siempre. Estaba ya preparando su labor para la temporada inmediata. La comedia de Margarita Xirgu, la comedia de Carmen Díaz... Evocaciones de la España vibrante y castiza de otras épocas, en la que se mezclaban dulces episodios familiares, nostalgias de antiguas lecturas y recuerdos folklóricos de grato sabor popular. Alegre y optimista, Federico explicaba a una actriz algunos momentos escénicos imaginados por él. Y gozaba, con su excelente humor de buen muchacho, canturreando una vieja habanera:

> *En Cuba,*
> *la isla hermosa del ardiente sol,*
> *bajo un cielo azul...*

*e interrumpiendo la estrofa para decir, como le decía
la dama que le inspiró la situación dramática:*

*—Niño, estáte quieto y no seas malo..., que te voy
a pegar, que te voy a pegar.*

*Reíamos todos, contagiados por el burlesco espíritu
del poeta, y adivinábamos ya la gracia zumbona e iró-
nica de la escena al adquirir plasticidad sobre un ta-
blado.*

Si esta vivificada conversación del poeta se desarro-
lló a fines de junio (en el «saloncillo» del Español),
debió ser una vez terminada *La casa de Bernarda Alba*,
la «comedia» prometida a M. Xirgu, fechada por su
autor el 19 de dicho mes. Escrito ya el intenso drama,
García Lorca volvía sus ojos hacia la obra nueva, des-
tinada a Carmen Díaz, puesto por el momento en cua-
rentena, como parte de las «comedias imposibles» (por
su dificultad de estreno), la *Comedia sin título*. No hay
duda alguna, a mi entender, de que la obra en preparación era *Los sueños de mi prima Aurelia*. En primer
lugar, la referencia a Carmen Díaz en *La Voz* y el *Heraldo de Aragón* presupone la identidad de los dos proyectos. Que esta identidad se lograra mediante la trans-
formación de la idea original no hace más que iluminar
con un nuevo ejemplo el modo habitual de proceder del
poeta. Por último, la mención en *La Voz* de «episodios
familiares», «nostalgias de antiguas lecturas» y «recuerdos folklóricos», incluida la habanera que se cita, cuadra perfectamente con lo que nos es conocido de *Los
sueños*. Basta, para comprobarlo, acudir al citado libro
de Francisco García Lorca, quien recrea un mundo se-

mejante al aludido, incluso cuando no hace referencia explícita a la citada obra.

Aun sin extenderme sobre el siguiente punto, *La casa de Bernarda Alba* se sitúa originalmente «en un pueblo andaluz de tierra seca», como el poeta escribió y tachó en la hoja primera de su manuscrito. En cuanto realidad vivida, este pueblo no es otro que Valderrubio (antes Asquerosa), pueblo de pozos, como se dirá en el drama, ligado a la vida del autor. En oposición a Valderrubio surge, como fuente inspiradora de *Los sueños de mi prima Aurelia,* el ámbito familiar de Fuente Vaqueros. Por supuesto que este microcosmos referencial se ha expandido y ha sido sobrepasado artísticamente en las dos obras, de manera acabada en la única a la que García Lorca pudo dar remate.

Vueltos a las declaraciones del propio poeta, diría en una entrevista concedida al periodista Otero Seco a principios de 1936:

—*Y de teatro, ¿qué tienes terminado o en preparación?*

—*¿Terminado? Un drama social, aún sin título, con intervención del público de la sala y de la calle, donde estalla una revolución y asaltan el teatro; una comedia andaluza, de la Vega granadina, con cantaores —¡cuidado!, no una comedia flamenca al uso—, y un drama que se titula* La sangre no tiene voz. *Esta última obra tiene por tema un caso de incesto. Y por si al saberlo se asustan los tartufos, bueno será advertirles que el tema tiene un ilustre abolengo en nuestra literatura desde que Tirso de Molina lo eligió para una de sus magníficas producciones.*

La primera obra aludida, que ha editado y documentado exhaustivamente Marie Laffranque, no es otra

20

que la citada *Comedia sin título,* que cobra nombre de la carencia del mismo. En cuanto a la comedia andaluza queda refrendada su existencia por boca de su propio autor. Como en otras ocasiones, el poeta abulta la realidad al dar por terminadas las dos piezas. Sin embargo, partía de una verdad suficiente, como muestran los testimonios sobre un segundo acto, que no se ha conservado, de la *Comedia sin título.* Finalmente, drama y comedia, con la documentación que he comentado, postulan la veracidad de la escritura de *La sangre no tiene voz,* siquiera fuera de un fragmento. El poeta la emparentaba en el tema con *La venganza de Tamar,* comedia de Tirso a la que debe referirse en contra de los «tartufos» que se habían asustado de la «crudeza» en tema y lenguaje de *Yerma,* atacada por la crítica de los periódicos más reaccionarios a raíz de su estreno [10]. La afirmación del poeta indica que la herida estaba abierta. Ahora bien, en las dos declaraciones hasta el momento transcritas, García Lorca establece claramente la diferenciación entre obras proyectadas y obras terminadas. Si ha sido normal partir de la «exageración andaluza» del poeta, los datos que diversos investigadores han logrado reunir en los últimos años inducen a una razonable prudencia antes de negarle el pan y la sal al poeta en sus afirmaciones. Aun rebajadas de grado, más de una se ha descubierto como potencialmente cierta, por más que faltara la prueba que las confirmara.

En cuanto a *La sangre no tiene voz,* que tal vez haya que relacionar con el título *El sabor de la sangre,* Rivas Cherif la ha descrito, en mala prosa, del siguiente modo: «Traducción en un suceso real, de uno de sus amigos menestrales de Barcelona, de quienes

---

[10] Cf. mi artículo «Cronología y estreno de *Yerma, poema trágico* de García Lorca», *RABM,* LXXXII, núm. 2, 1979.

21

me había hablado sin hacerme compartir su amistad, y que viene a ser trasunto moderno del "Romance de Thamar y Amnón".» [11]

Otro es el caso de *El hombre y la jaca,* documentado como proyecto desde 1931, y que Rivas Cherif cita como *La bestia hermosa.* Manuel Altolaguirre nos ha dejado la más ceñida descripción:

Pensaba escribir una tragedia griega y me contaba el argumento: «En Córdoba vivía un rico labrador con su hijo, mozo solitario, que estaba enamorado de su jaca. El padre, para contrariar estos amores, se llevó al animal a una feria vecina para venderle. El hijo se enteró y fue por su jaca al mercado. Su jaca blanca, al verle, saltó con alegría la empalizada en donde estaba presa con el restante ganado. Volvieron jaca y mozo hasta el pueblo. El padre, que los vio, fue por su escopeta y, disparando contra el animal, lo dejó muerto. El mozo, enloquecido, con un hacha, furiosamente, mató a su propio padre.» Nunca escribió esta obra, pero cito este tema para demostrar que su fantasía le llevaba más allá de lo humano, por encima de su conciencia, a los mitos más incomprensibles, como un Esquilo de nuestro tiempo [12].

Rivas Cherif se ha referido también a *La bola negra,* título que el propio García Lorca tachó en su lista para sustituirlo por *La piedra oscura,* si bien se haya conservado entre sus papeles el inicio, bajo el primer título, de un «Drama de costumbres actuales». En las cuatro hojas encontradas, la última, y segunda de diá-

---

[11] «Poesía y drama del gran Federico. La muerte y la pasión de García Lorca», *Excelsior,* México, 27-I-1957. Todas las citas restantes de Rivas Cherif proceden de este mismo artículo.
[12] En «Nuestro tiempo», *Hora de España,* IX, septiembre 1937.

logo, dejada a medio escribir, sólo se indica el *dramatis personae* y se esboza un comienzo de diálogo entre Carlos, joven de veinte años, y su hermana. En la mencionada lista, *La piedra oscura* quedaba definida como «drama epéntico». «Epentismo» y «epéntico» fueron palabras de la invención del poeta, del que es conocida su afición burlesca al uso de neologismos verosímiles (piénsese comparativamente en «epéntesis» y «epentético»), que alcanzaron carta de naturaleza en el círculo de sus amigos. De acuerdo con Rivas Cherif, García Lorca quería escribir un drama realista sobre el tema de la homosexualidad en un medio provinciano:

—«*Voy a escribir un drama realista. Como los de Linares Rivas.*» *Y me contó, riéndose, la primera escena:*

«*Una capital de provincia. Un señor tras de una mesa de despacho. Llama al timbre y entra un criado:*

—*Que venga el señorito.*

Entra su hijo:

—*¿Qué quiere decir esto que sé?* —*Y el padre muestra a su hijo una carta*—. *Que te has presentado pretendiente a socio en el Casino y te han echado bola negra. ¿Por qué?*

—*Porque soy homosexual.*»

—«*¿Qué te parece para empezar?*», *volvió a reír con estrépito.*

—*Que no lo escribes* —*le contesté*—. *A ti te pedirán siempre ya «dramas poéticos».*

Es a esta obra, así recordada por Rivas Cherif, a la que García Lorca debió referirse en una entrevista de diciembre de 1934. Tras mencionar la trilogía incompleta, que estaría compuesta por *Bodas de sangre, Yerma* y *Las hijas de Loth,* esta última sin escribir, añadió: «Después quiero hacer otro tipo de cosas, incluso comedia corriente de los tiempos actuales, y llevar al teatro temas y problemas que la gente tiene miedo de abordar. Aquí, lo grave es que las gentes que van al teatro no quieren que se les haga pensar sobre ningún tema moral.» El subtítulo de *La bola negra* y la reflexión moral sobre la homosexualidad parecen implícitamente aludidos. Por otro lado, también la *Comedia sin título* se abre con un *sermo moralis* que trata de romper la quietud confiada del público del patio de butacas. Es a estos espectadores (entusiastas del teatro de Benavente, Linares Rivas o los Quintero) a los que el poeta trata de fustigar y despertar, ya desde su drama *El público*. Para García Lorca, comedido en las alusiones personales, los tres autores citados eran representantes de un teatro burgués que él atacó repetidamente.

Siguiendo con otros títulos, de *Casa de Maternidad* no se ha conservado más que el *dramatis personae,* lo que da a entender que la obra estaba pensada, al menos en lo esencial, si es que no se ha perdido el resto del manuscrito. Esta suposición última parece improbable, dada la ausencia de noticias y testimonios sobre la obra. Sobre una hoja única, y bajo el título, García Lorca escribió la lista de personajes:

> *El poeta*
> *Elena. Enfermera*
> *Isidra. Boba*
> *Esperanza. Jorobada*
> *Mujeres del pueblo*
> *Antonia. Ciega*
> *Médicos*
> *Monjas*
> *Angeles*
> *Carpinteros*
> *Banqueros*

La rara enumeración, con la introducción de los ángeles como personajes, o la del mismo poeta en medio de tan crasa humanidad como la que se indica, sugiere que el realismo impuesto por el título iba a ser quebrado por rupturas líricas semejantes a las que se perciben en la *Comedia sin título*. Mas, hablando de realismo, acaso haya que atender a lo dicho por el autor (el mismo poeta) al comienzo del citado drama:

Con toda modestia debo advertir que nada es inventado. Ángeles, sombras, voces, liras de nieve y sueños existen y vuelan entre vosotros, tan reales como la lujuria, las monedas que lleváis en el bolsillo, o el cáncer latente en el hermoso seno de la mujer, o el labio cansado del comerciante.

No ha quedado constancia, sin embargo, del argumento de *Casa de Maternidad*, título que aparece tachado al frente de la primera hoja manuscrita de la *Comedia*. No supone esto identidad necesaria de propósitos, según puede deducirse, sino simple azar en el uso de hojas diversamente anotadas.

Vueltos sobre la lista manuscrita, desconozco noticia alguna sobre *La Quimera*, *El miedo del mar* o *Las monjas de Granada*. En septiembre de 1934, Juan Chabás alude fugazmente a *La hermosa*, al afirmar, en entrevista con García Lorca, que éste «ya tiene terminada *Yerma* y ahora acabará *La hermosa*, otra gran tragedia de amor». Acabar implica, por deducción obvia, dar fin a algo ya iniciado. Ante la ausencia de otros testimonios, no se descarta que la aludida terminación pendiera únicamente del esquema de la obra nítidamente trabado en la palabra del poeta. Por desgracia, Chabás no añade ninguna otra precisión a lo dicho. Conocemos, no obstante, el subtítulo de *La hermosa*: «Poema de la mujer deseada». Si *Yerma* fue

25

definida por su autor como «poema trágico», esta «tragedia de amor» debe ser considerada como el proyecto de otra tragedia poemática al estilo de *Yerma*. Por otro lado, el «mito andaluz» de *El hombre y la jaca* (o *La bestia hermosa,* si éste era el título sustitutorio) fue calificado por Manuel Altolaguirre en 1937 como un proyecto de «tragedia griega». Acaso *La Quimera,* con su posible alusión clásica, implicara una intención semejante. Sin embargo, teniendo en cuenta el uso no normativo por parte del poeta de mayúsculas y minúsculas en sus manuscritos, ha de recordarse que «quimera» significa coloquialmente «pelea», «riña», «disputa», acepción que es frecuente en el habla granadina, según me indica Isabel García Lorca.

Aparte habría que situar un proyectado ciclo de comedias también poemáticas, si bien de signo lírico. *Doña Rosita la soltera* se subtitula, según he recordado, «Poema granadino del novecientos», y *Las monjas de Granada,* «Crónica poética». El fragmento que se ha conservado de *Los sueños de mi prima Aurelia* lleva el escueto subtítulo de «Poema». Estaríamos, pues, ante una serie de comedias de ámbito granadino, ya estuviera localizada su acción en la ciudad o en los pueblos de la vega.

Las otras obras enumeradas, incluida *La Quimera,* fueron calificadas por García Lorca en su nota como dramas, a excepción de *Casa de Maternidad,* cuyo subtítulo quedó en blanco. No obstante, su *dramatis personae* parece orientarse hacia un semejante signo dramático. Ciñéndonos a las obras sobre las que existe algún dato, *La sangre no tiene voz* (título que se alza contra el tópico de «la voz de la sangre»), *La bola negra* y la mencionada *Casa de Maternidad* debían ser sobre el proyecto dramas urbanos de costumbres contemporáneas, teatro, pues, diferente del ciclo de las tragedias, asentadas éstas sobre el terreno de las

26

creencias más que sobre el entramado de las costumbres sociales.

García Lorca, por tanto, veía ante sí un camino teatral de renovación incesante. En diciembre de 1935, poco después del estreno de *Doña Rosita la soltera* en Barcelona, y cuando todavía duda sobre su marcha a México, dirá a un periodista:

Seguramente me iré a Méjico, con Margarita Xirgu, y después volveré en cuanto pueda, pues tengo que acabar varias obras en las que tengo una gran fe y hacer que se estrenen Los muñecos de cachiporra, *para los que ha compuesto Federico Elizalde una música que es una maravilla.*

Si hacemos una síntesis cronológica, en febrero de 1935 hablaba el poeta de obras en proyecto. En diciembre del mismo año utiliza el verbo «acabar», en correspondencia con la alusión anterior de Chabás a *La hermosa.* Ya en 1936 hablará de obras terminadas sobre cuyo acabamiento no hay pruebas terminantes. De todos modos, y admitida la identificación de la «comedia andaluza» con *Los sueños de mi prima Aurelia,* queda sólo en pie de duda la escritura, por parcial que fuese, de *La sangre no tiene voz.* Al margen quedarían otros proyectos, como la aludida versión musical de *Los muñecos de cachiporra.*

Si volvemos la vista hacia el panorama de ruinas hasta el momento descrito, sobre la misma contradicción con que se engarzan algunos de los datos reunidos, ha de recordarse, a modo de explicación, lo dicho por García Lorca en mayo de 1935, cuando le quedaba poco más de un año de vida y, por tanto, de posible cumplimiento de sus proyectos literarios:

En mi vida cada día es distinto. Trabajo bastante. Tengo ahora muchas cosas entre manos. En escribir

27

tardo mucho. Me paso tres y cuatro años pensando una obra de teatro y luego la escribo en quince días. [...] Primero notas, observaciones tomadas de la vida misma, del periódico a veces. Luego un pensar en torno al asunto. Un pensar largo, constante, enjundioso. Y, por último, el traslado definitivo: de la mente a la escena... No puedo indicar preferencias entre mis obras estrenadas. Estoy enamorado de las que no tengo escritas todavía.

Si nos fijamos en los términos usados por el poeta, no deja de producir asombro el proceso de creación que revelan. «Traslado», en efecto, equivale prácticamente a «copia», la obra ya en limpio en la mente del autor, depurada a través de una lenta maduración. El salto es, después, no al papel, como sería lógico, sino a la escena. El papel, medio donde se fija lo imaginado, actúa como simple soporte de lo que el creador está ya viendo sobre la escena. Una vez más se delata el carácter oral del escritor García Lorca, para el que lo literario sólo tiene un modo de vida válido en la encarnación fugaz que le prestan la voz y el cuerpo humanos. Si esto era especialmente verdad para el dramaturgo, el proceso descrito implica una metamorfosis continua de sus proyectos, lo que ha de tenerse siempre en cuenta a la hora de juzgar sus propósitos.

«LA DESTRUCCION DE SODOMA»

La reordenación explicativa de los proyectos lorquianos tiene, pues, un valor sólo relativo, más aún por las fuentes contradictorias de que a veces disponemos. Acaso importe, en orden a situar adecuadamente *La casa de Bernarda Alba,* aludir a la trilogía dramática pensada por el poeta. Uno de los problemas que la crítica se ha planteado es precisamente el de la pertenencia o no de *La casa de Bernarda Alba* a dicha trilogía. Faltos de declaraciones del autor sobre su última obra, han de revisarse testimonios suyos anteriores, junto con los de otros testigos de su palabra.

En 1933 García Lorca se refiere a *Bodas de sangre* como «la parte primera de una trilogía dramática de la tierra española». Por declaraciones sucesivas sabemos que esta trilogía estaría compuesta, además de por *Bodas de sangre,* por *Yerma* y por *La destrucción de Sodoma,* mencionada en dos ocasiones bajo el nombre de *Las hijas de Loth.* Lo cierto es que la expresión «trilogía dramática de la tierra española» desaparece en declaraciones posteriores a la indicada, en las que se habla de trilogía a secas. Es fácil adivinar el motivo: el episodio bíblico, relatado en el libro del *Génesis,* impone una localización geográfica distinta. La alusión española no sería, sin embargo, olvidada. *La casa de Bernarda Alba* lleva por subtítulo el de «Drama de mujeres en los pueblos de España». Mas volvamos al escalón intermedio, al peldaño que falta.

Recientemente ha recordado Luis Sáenz de la Calzada que el poeta leyó, ante él y Rafael Rodríguez Rapún, secretario de La Barraca, un primer acto de *La destrucción de Sodoma* [13]. Ningún hallazgo ha refrendado hasta el presente esta afirmación. No obstante, un testimonio anterior, probablemente desconocido por el mismo Calzada (dada la rareza del folleto en que se recoge), ratifica la existencia en vida del poeta de un manuscrito empezado. M. Benítez Inglott escribía en 1950: «Recuerdo una comida en el restaurante Bellavista de Madrid, a cuyo final nos leyó [a R. Martínez Nadal, Emilio Aladrén, el propio Inglott] una terrible

---

[13] «*La Barraca*». *Teatro universitario.* Madrid, Rev. de Occ., 1976, pp. 155-157.

y magnífica escena —la única escrita, entonces— de la tragedia, sin título aún, que había de tener por argumento el pasaje bíblico de la destrucción de Sodoma» [14]. Escena ha de equivaler, probablemente, a primer acto. Adolfo Salazar, por su parte, escribía en 1938: «*La destrucción de Sodoma* se quedó sin escribir» [15]. Martínez Nadal, que aludirá a la obra, tampoco ha recordado ninguna lectura, al igual que Margarita Xirgu u otros amigos del poeta. Entre sus papeles únicamente se ha conservado una primera hoja de diálogo perteneciente a *La destrucción de Sodoma*. Bajo este mismo título, olvidado ya el de *Las hijas de Loth*, García Lorca indica escuetamente: «Tragedia». La acotación escénica inicial dice así: «Calle de Sodoma. Columnas y grandes toldos de púrpura. En un lado una fuente de mármol que es al mismo tiempo abrevadero.» El diálogo, sostenido mediante breves réplicas, lo mantienen cuatro mujeres numeradas por orden de intervención. El lenguaje y el ámbito escénico al que aluden están próximos al de *Bodas* y *Yerma*. Sin embargo, las intervenciones no pasan de nueve, en blanco la última y anunciada réplica de la Mujer 3.ª Hoja y diálogo se muestran inacabados, como si el poeta hubiera alzado la pluma y desistido de continuar por alguna razón. Cabe la posibilidad de que la obra fuera reiniciada en otro momento o que esta hoja manuscrita fuera copia en limpio, de pronto suspendida, del ignoto primer acto. Aunque hayamos de atender tan sólo a lo encontrado, la segunda suposición me parece la más plausible. El diálogo, por último, hace alusión a unas bodas que llevarían ya, al alzarse el telón

---

[14] *Crucifixión*, Notas de Miguel Benítez Inglott, Planas de Poesía, IX, Las Palmas, 1950, p. 16.

[15] «*La casa de Bernarda Alba*», *Carteles*, La Habana, 10-IV-1938, p. 30. Todas las citas posteriores de Salazar proceden de este artículo.

sobre el escenario, cuatro días de celebración. Las mujeres parecen lamentar la ausencia de sus maridos borrachos, al tiempo que comentan la suerte de la joven desposada: «No está acostumbrada. La trajeron sus padres de una aldea lejana y la dejaron aquí sin saber lo que hacían.» Nada, pues, que recuerde inicialmente el relato bíblico.

No se puede decir que éste resplandezca en la síntesis de la tragedia y planes lorquianos trazada por Adolfo Salazar. Descartando de la mencionada trilogía *Bodas de sangre,* lo que en principio contradice las declaraciones del propio autor, añade a continuación:

… Federico contemplaba la creación de un tríptico o de una trilogía en la cual el tema consistiría en la obsesión del sexo, núcleo de sordas tragedias que él pensaba situar en el escenario esquemático, sucinto, de los pueblos andaluces.

Las tres obras que compondrían el grupo serían Yerma, *el grito de la mujer infecundada;* La casa de Bernarda Alba, *o el deseo reprimido por la mojigatería bárbara de las «conveniencias» pueblerinas. En fin,* La destrucción de Sodoma, *que habría de ser la tragedia del amor senil. Lot persigue a sus propias hijas y la mujer de Lot persigue a unos jovencitos forasteros que, denunciados por ella a los mozos del pueblo en venganza de su frialdad, son apuñalados delante de la figura soberbia e inconmovible de Lot.*

El recuerdo de Salazar tiene a su favor lo temprano de la fecha en que fue reflejado por escrito, en un artículo en el que precisamente daba noticia y descripción fiel de *La casa de Bernarda Alba,* pieza entonces inédita. De todos modos, se hace cuesta arriba creer en el papel que el poeta iba a asignar a los jóvenes forasteros llegados a Sodoma, en el pasaje bíblico án-

31

geles enviados por Yahveh para castigar y arrasar la ciudad por sus pecados. Según el *Génesis,* son codiciados por los sodomitas, mas en ningún momento por la mujer de Lot. Este les acoge y defiende; puesto que el texto bíblico nada dice, se supone que con el asentimiento tácito de su mujer. ¿La estatua de sal en que ella se convierte en la huida de la ciudad condenada sugirió en todo caso al poeta una culpa previa? ¿O quiso establecer, sin más, un paralelo con el incesto involuntario que Lot comete con sus dos hijas?

Martínez Nadal, con memoria sin duda asombrosa, recrea una última conversación con García Lorca, de julio de 1936, en unas páginas publicadas por vez primera en 1963 [16]. En ellas describe el final del segundo acto de *La destrucción de Sodoma,* se refiere al remate del tercero y entrecomilla los comentarios y acotaciones escénicas que el poeta habría desgranado en su conversación. El relato de Nadal se pliega con gran fidelidad al bíblico, mantenido en sus líneas maestras, y añade esta última consideración del autor:

«*¡Qué magnífico tema!*», *resumía Federico;* «*Jehová destruye la ciudad por el pecado de Sodoma y el resultado es el pecado del incesto. ¡Qué gran lección contra los fallos de la justicia, y los pecados, qué manifestación de la fuerza del sexo!*»

Tanto Salazar como Nadal coinciden en un punto, a pesar de la divergencia de sus recuerdos: el tema del poder del sexo en esta obra lorquiana, tema que se volverá opresivo y destructor en el espacio cerrado de *La*

---

16 Cf. «El último día de F. G. L. en Madrid», *Residencia. Revista de la Residencia de Estudiantes,* número conmemorativo publicado en México, D. F., diciembre 1963, pp. 58-61. Reproducido, con una adición que se señala, en el libro citado, pp. 9-15.

casa de Bernarda Alba. Ahora bien, se conserve o no ese primer acto, lo que parece fuera de toda duda es que el proyecto fue por el momento abandonado. Si reconstruimos los pasos dados, García Lorca debió pensar en *La hermosa* para completar su trilogía una vez que había terminado *Yerma.* De acuerdo con la hipótesis que he avanzado, *La hermosa,* «Poema de la mujer deseada», habría sido un poema trágico al estilo de *Yerma.* Es posible, si seguimos a Altolaguirre, que *La bestia hermosa* se habría agregado a las otras tragedias, como continuación de la trilogía o como arranque de un ciclo distinto. Sin embargo, estas hipótesis, sostenidas por muy débiles datos, no sirven más que para cubrir el tránsito a *La casa de Bernarda Alba,* abandonadas o postergadas las tragedias aludidas y abiertos ante el poeta otros dos caminos: el de las comedias granadinas, con *Doña Rosita* como primera y magnífica obra, y el de los dramas de «costumbres actuales».

Mas queda sin esbozar otra serie, a la que se habría desplazado *La destrucción de Sodoma.* De acuerdo con Nadal, existió en efecto el proyecto de otra trilogía, ésta de piezas bíblicas. El poeta habría hablado sobre ello en la última y ya citada conversación con Martínez Nadal, aun habiéndose referido a algunas de las obras tiempo antes. Habrían entrado en la trilogía bíblica *Caín y Abel* (aparente derivación del drama *Carne de cañón*), *La destrucción de Sodoma,* cuya escritura había sido pospuesta en julio de 1936, y un drama basado en la historia de Thamar y Amnón, se supone que *La sangre no tiene voz.* Por lo que nos es conocido de estas distintas obras, ha de deducirse que el proyecto global no había cuajado de manera definida, o bien que éste ha sido reconstruido miméticamente sobre la trilogía de la que tenemos constancia por el propio poeta. No es esto imposible, dadas las traiciones de la memoria.

Sin embargo, háblese o no de trilogía bíblica, no hay duda de que García Lorca, siguiendo a los dramaturgos del Siglo de Oro, proyectaba una serie de piezas dramáticas basadas en los Libros Sagrados. Así, Isabel García Lorca recuerda que su hermano hablaba de una nueva obra que se habría titulado *El frío del rey David,* con recreación del pasaje inicial del libro de los *Reyes*: el rey David, ya viejo, siente que el frío le penetra en el cuerpo a pesar de las ropas con que le cubren; buscan entonces sus servidores una joven doncella, Abisag la Sunamita, para que sirva y cuide al rey, dándole calor con su cuerpo en el lecho. Si esto es en sustancia lo narrado en la *Biblia,* nada sabemos sobre el argumento pensado por el poeta, no recordado por su hermana. ¿Habría retomado esta obra el tema del amor senil? Muchos interrogantes quedan sin respuesta, asesinado el poeta en la plenitud de su vida y de su poder creativo. No obstante, la variedad, a veces contradictoria, de los datos esgrimidos conduce a pensar que García Lorca había postergado la terminación de *La destrucción de Sodoma* y, en segundo lugar, que esta tragedia iba a formar parte de un ciclo distinto al de *Bodas de sangre* y *Yerma.* Acaso esta deducción resulte más difícilmente admisible, dado que contradice las declaraciones iniciales del poeta. Sin embargo, hemos de fijar la atención en el continuo cambio y superposición de proyectos y en la lenta maduración última de una serie de obras bíblicas, en las que con toda naturalidad se habría incardinado *La destrucción de Sodoma.*

Escritura de La casa de Bernarda Alba

Antes de seguir, parece necesario fijar la cronología de la redacción de *La casa de Bernarda Alba,* lo que sin duda nos servirá de apoyo para relacionar este drama con el resto del proceso descrito. Pues bien, Margarita Xirgu, actriz tan ligada al poeta, hizo unas iluminadoras declaraciones nada más llegar a Buenos Aires en mayo de 1937. Fueron recogidas por Pablo Suero, periodista argentino que había tratado a García Lorca desde 1933 y al que se deben una serie de importantes reportajes. Dijo entonces la actriz catalana:

—*Usted sabe, Suero, porque casi asistió a nuestra despedida hace quince meses, la alegría con que partimos para América... Federico iba a reunírsenos en Méjico... Ortín, mi administrador, tiene un cable que nos envió Federico anunciándonos la partida inminente... Después, ya no tuve noticias de él... Me había leído el primer acto de una obra formidable, sin título aún...*

—*Conozco ese acto: me lo leyó a mí en una taberna de la calle de la Luna, una noche inolvidable... Me leyó también, además de dos libros de versos, «Títeres de cachiporra», una farsa deliciosa...*

—*Marañón —prosigue Margarita— me dijo en Chile que a él le había leído otra comedia terminada que destinaba Federico para mi debut al regresar a España: «La casa de Bernarda Alba», comedia de la que habíamos hablado muchas veces*[17].

Margarita Xirgu, que iba a realizar una gira teatral por países americanos, comenzando por México, se despidió de García Lorca en Bilbao el 30 de enero de 1936, prometiendo éste reunirse con la actriz en el mes de abril[18]. Con anterioridad a esa despedida estaba ya

---

[17] Pablo Suero, «Margarita Xirgu habla de su arte y de García Lorca. La eminente artista llegó», *Noticias Gráficas*, Buenos Aires, 4-V-1937.

[18] Cf. Antonina Rodrigo, *Margarita Xirgu y su teatro*, Barcelona, Planeta, 1974, p. 234.

escrito, por consiguiente, el primer acto de la *Comedia sin título*. Como señala Marie Laffranque, el poeta se lo leyó a la Xirgu a finales de agosto o comienzos de septiembre de 1935, en el Parador de Gredos [19]. El día antes había procedido a la lectura de *Doña Rosita*. Mientras tanto, *La casa de Bernarda Alba* no pasaba de ser una obra simplemente «hablada». Todavía la actriz catalana ha de esperar a su encuentro chileno con Gregorio Marañón para saber que el drama había sido escrito y terminado. En 1945, a raíz de su estreno bonaerense, precisaría Margarita Xirgu: «Federico García Lorca escribió *La casa de Bernarda Alba* porque yo le pedí que, luego de *Doña Rosita,* me diera la oportunidad de encarnar a un ser duro, opuesto a la ternura de la solterona» [20]. La causalidad a partir de la petición de la Xirgu no ha de ser tomada al pie de la letra, pues el poeta podía haber disentido o elegido entre otros de sus proyectos. Por otro lado, no deja de ser curioso el que sobre este drama de mujeres no exista ninguna declaración conocida del poeta, como que tampoco haya noticia de ninguna anotación que precediera a la obra. Dada su costumbre de comentar repetidamente sus piezas dramáticas en las numerosas entrevistas de prensa que se le hicieron (de nombrar, incluso, aquéllas de cuya existencia, siquiera parcial, se ha dudado), el hecho resulta todavía más insólito. La más tardía entrevista concedida por el poeta, teóricamente de julio de 1936, de acuerdo con el periodista que la realizó, A. Otero Seco, ha de retrotraerse a fe-

---

[19] Cf. F. G. L., *El público y Comedia sin título. Dos obras teatrales póstumas,* ed. R. Martínez Nadal y M. Laffranque, Barcelona, Seix Barral, 1978. Véase la introducción de la segunda, pp. 283-284.

[20] Declaración que reproduce A. Rodrigo, *Margarita Xirgu...,* obr. cit., p. 268.

chas sin duda anteriores, acaso a enero [21]. Si García Lorca alude, según he recogido, a la obra sin título, a *La sangre no tiene voz* y a la «comedia andaluza» ya comentada, ¿cómo puede explicarse que, al hablar de obras «terminadas», no mencionase *La casa de Bernarda Alba*?

Todo indica que el drama debió ser escrito de un tirón y en un tiempo probablemente mínimo. El manuscrito está fechado el 19 de junio, viernes. Morla Lynch observa que la escritura se realizó tras «larga rumia» [22]. Cabe imaginar que García Lorca, dejando a un lado el resto de sus proyectos (Marie Laffranque se ha referido a las posibles dudas y dificultades en la terminación de la obra sin título), se volcó en la escritura de la nueva obra, de pronto cristalizada en su mente a partir de unos hechos reales y vividos de cerca, por más que luego se transformaran en virtud del propósito artístico. La redacción debió ser realizada con plena seguridad y fe en lo escrito. Relata Adolfo Salazar:

Federico vivía en Madrid frente por frente de mi casa. Cada vez que terminaba una escena venía corriendo, inflamado de entusiasmo. «¡Ni una gota de

[21] Aunque el periodista declare que su entrevista (*Mundo Gráfico*, 24-II-1937; *OC*, II, pp. 1088-1090) se realizó «pocos días antes de la marcha de García Lorca a Granada», en julio por tanto, debió ser hecha poco después de la vuelta del poeta de Barcelona, donde había sido el estreno de *Doña Rosita*. Su misma alusión a *Poeta en Nueva York* como libro pronto a publicarse apoya esta suposición, ya que a finales de 1935 el libro había sido pasado a limpio.

[22] *En España con F. G. L. (Páginas de un diario íntimo. 1928-1936)*, Madrid, Aguilar, 1958, p. 483. Morla da cuenta de una lectura de la obra en casa de los condes de Yebes, en la que estuvo presente Gregorio Marañón. En pp. 488-489 recoge Morla, de una conversación con el poeta, los datos reales en que se habría inspirado *La casa de Bernarda Alba*.

poesía! —exclamaba—. ¡Realidad! ¡Realismo puro!»
[...] Federico leía su obra a todos sus amigos, dos, tres
veces cada día. Cada uno de los que llegaban y le ro-
gaba que le leyese el nuevo drama, lo escuchaba de
sus labios, en acentos que no hubiera superado el me-
jor trágico. [...] Federico llevaba constantemente en
su bolsillo el original de La casa de Bernarda Alba.
Decía que, al terminar su drama, había tenido una con-
goja de llanto. Creía comenzar ahora su verdadera ca-
rrera de poeta dramático.

REALIDAD Y POESIA

Las palabras puestas por Salazar en boca del poeta
han suscitado repetidamente el tema del realismo de
La casa de Bernarda Alba. Algunos críticos han aducido el testimonio de Manuel Altolaguirre, quien recor-
dará en 1937 afirmaciones del mismo tono que las antes citadas:

Después de una lectura íntima [...] Federico co-
mentaba: «He suprimido muchas cosas de esta trage-
dia, muchas canciones fáciles, muchos romancillos y
letrillas. Quiero que mi obra teatral tenga severidad
y sencillez.»

Hay que repetir lo dicho por Francisco García Lorca sobre la perspectiva con que debe verse el nuevo
drama dentro del teatro de su autor. Transcribiré en
síntesis sus observaciones [23]. La tácita idea de una evolución rectilínea de la dramaturgia lorquiana, advierte
el hermano del poeta, ha dado por sentada la suposición de que *Bernarda Alba* significa la culminación de

---

[23] Obr. cit., pp. 372-374.

un proceso, cumbre teatral en la que el dramaturgo habría dominado íntegramente al poeta. Si es innegable la grandeza y madurez dramática que revela la obra, la idea de una evolución progresiva resulta del todo errónea, ya que se hace abstracción de la «continuada metamorfosis» del teatro de García Lorca. Esta misma metamorfosis impone, por ejemplo, el que *Doña Rosita* sea el antecedente inmediato de *Bernarda Alba* (con el sorprendente intermedio, añadiría, de la *Comedia sin título*), así como que la línea continuara, quebrándose, con *Los sueños de mi prima Aurelia,* comedia de signo poético al modo de *Doña Rosita.* Termina agudamente Francisco García Lorca: «Lo que caracteriza la dramaturgia de García Lorca es la adecuación de los recursos y procedimientos técnicos a un propósito artístico que cambia en cada una de sus obras.»

Ya el propio artista aludió en 1935, en la cita inicial que he recogido, a la técnica distinta requerida por las nuevas obras que proyectaba, de materia diferente a la de sus tragedias *Yerma* y *Bodas de sangre*. Se da, pues, en García Lorca una versatilidad constante, pero no sometida al capricho, sino a la meditada coherencia de tratamiento que exige en cada caso la materia dramática elegida. Sólo así pudo realizar, con genial capacidad, el salto que va de farsas regocijadas y tan distintas como *La zapatera* y el *Perlimplín* a las tragedias y a las comedias líricas. Ahora bien, para García Lorca el buen teatro ha sido siempre obra de poetas, aunque apostille: de poetas dramáticos. Hará esta afirmación: «Don Carlos Arniches es más poeta que casi todos los que escriben teatro en verso actualmente.» La teatralidad «poética» no reside necesariamente en el verso, pues las solas virtudes líricas no pueden conllevar lo dramático. Sin embargo, es teatro en verso el de Shakespeare, Lope o Calderón, por citar autores largamente admirados por el poeta granadino. Verso o prosa son los medios que se han de elegir en virtud de las distintas finalidades, mero vehículo que se impregnará y servirá de soporte a lo que García Lorca denomina «teatro poético y de gran masa de público, el "teatro-teatro", el teatro vivo». Para ser verdadero no puede estar «nutrido sólo por la fantasía», sino atender a los problemas eternos del hombre, además de estar ligado a su tiempo, lo que no implica contradicción. Al presentar el *Peribáñez* lopesco en 1935, el mismo año del que son las declaraciones que he glosado, hablará despectivamente de «la avalancha de comedias de ascensor y piso principal, comedias donde no hay ni una rosa, ni una melancólica ráfaga de llama, ni un llanto por causa verdadera». Lamentaba la ruptura que se había producido con el teatro romántico, a pesar de los defectos que en él veía. Es obvio que la comedia benaventina, con toda su plaga de imitadores, era lo que sentía como más opuesto, entre otras razones por su inautenticidad. Mas ¿cómo conciliar poesía y teatro?

El teatro es la poesía que se levanta del libro y se hace humana. Y al hacerse, habla y grita, llora y se desespera. El teatro necesita que los personajes que aparezcan en la escena lleven un traje de poesía y al mismo tiempo que se les vean los huesos, la sangre. Han de ser tan humanos, tan horrorosamente trágicos y ligados a la vida y al día con una fuerza tal, que muestren sus traiciones, que se aprecien sus olores y que salga a los labios toda la valentía de sus palabras llenas de amor o de ascos. Lo que no puede continuar es la supervivencia de los personajes dramáticos que hoy suben a los escenarios llevados de la mano de sus autores. Son personajes huecos, vacíos totalmente, a los que sólo es posible ver a través del chaleco un reloj parado, un hueso falso o una caca de gato de esas que hay en los desvanes.

Estas palabras son de abril de 1936, cuando probablemente no había sido iniciada *La casa de Bernarda Alba,* a la que en ningún momento alude, aunque sí hable de la obra que entonces le preocupaba: la *Comedia sin título.* A la vista de estos criterios de difícil admitir, siguiendo a Adolfo Salazar, la verdad de la exclamación surgida ante las escenas recién escritas de *Bernarda Alba*: «¡Ni una gota de poesía!» Más exactos parecen, en cambio, los comentarios recordados por Altolaguirre. «Severidad y sencillez», con despojamiento de fragmentos en verso como los de *Yerma* y *Doña Rosita,* por citar los más próximos antecedentes, no significan en modo alguno ausencia de poesía dramática. Por otra parte, lo poético no está reñido con lo más crudamente real. La razón estriba en que la poesía se nutre precisamente de la realidad, no de la fantasía. Y no es ésta una conclusión de última hora. Ya en su conferencia *Imaginación, inspiración, evasión* (1928), había afirmado García Lorca la pobreza de la imaginación frente a los matices, profundamente poéticos, de la realidad: «Esto se nota muchas veces en la lucha entablada entre la realidad científica y el mito imaginativo, en la cual vence, gracias a Dios, la ciencia, mucho más lírica mil veces que las teogonías.» Cabría decir que contra esas teogonías se alza el realismo poético de *La casa de Bernarda Alba.* Adela, la joven hija de Bernarda, es sin duda el personaje más radicalmente rebelde del teatro lorquiano. Su suicidio, que opera sobre el espectador como una auténtica catarsis trágica, es la liberación desesperada, la única salida ante la mortal negación que se le impone a su deseo de amor. Ella es la única entre las hermanas que está incluso dispuesta a la máxima degradación social: ser la amante de Pepe el Romano cuando éste se case con Angustias. Esto en un medio en el que la opinión es sinónimo de honra, máxima categoría moral y de estimación por la comunidad. Adela, por tanto, se rebela desde el principio, y no sólo con su muerte, contra su destino de mujer sometida a un código de extrema opresión. Porque este código opera sobre un tejido de costumbres y normas en el que ser mujer es de por sí una maldición. El poeta ha trabado minuciosamente la obra, ha señalado y sugerido el valor del dinero en esa burguesía rural cerrada al exterior (fondo de las «poblaciones», donde las costumbres son otras), la consiguiente subordinación del amor al interés, el poder omnímodo del hombre, la insalvable estratificación social, la tiranía de la opinión y el poder que concede sobre los demás el conocimiento de sus «caídas», o de las de sus antecesores, pues la mancha nunca se borra. Ya es significativa la obsesión por la limpieza que sufre Bernarda y hace sentir a sus criadas. Mas, antes de que Bernarda Alba aparezca en escena, de que termine la misa de difuntos que se celebra mientras comienza la acción, el poeta ha descrito detalladamente el escenario. Un sobrio realismo preside la «habitación blanquísima», con sus sillas de anea y cortinas de yute. Un insólito elemento llama la atención: «Cuadros con paisajes inverosímiles de ninfas o reyes de leyenda.» Estos cuadros proyectan ya sobre la escena su inverosimilitud y contrapunto poético a la acción toda del drama.

Reverso de esas ninfas y reyes de leyenda es Bernarda Alba. Como un Argos queda definida: «Nací para tener los ojos abiertos. Ahora vigilaré sin cerrarlos ya hasta que me muera.» Como Júpiter, quisiera tener un rayo entre los dedos al final de la obra para matar a Pepe el Romano. El bastón que acompaña a su figura subraya continuamente el poder tiránico sobre el que se apoya. En torno a ella, sus hijas son «ranas sin lengua», como las llama María Josefa, incapaces siquiera de gritar su deseo de poseer al novio de Angustias, que es el subterráneo dueño de la situación, el verdadero Júpiter de esta nueva fábula.

Señalo sólo, y muy someramente, algunos de los planos simbólicos. Estos recaen también sobre los mismos nombres elegidos por el dramaturgo. Si Martirio y Angustias tienen nombre que corresponde al carácter que las define, del mismo modo que hiciera tantas veces Galdós, otros más opacos serán convertidos por María Josefa en «Bernarda, cara de leoparda» y «Magdalena, cara de hiena». Para que no haya dudas sobre el sufrimiento y envidia que soporta la hermana defectuosa físicamente, el mismo personaje rematará: «Martirio, cara de martirio.» Pero la propia Bernarda Alba, sin necesidad de la rima de estilo infantil que le dedica su madre loca, porta un apellido que consuena con su obsesión de limpieza, de vigilancia sobre la virginidad de sus hijas. Lo de menos es que el apellido esté tomado de la realidad vivida por el poeta. Lo importante es el hecho de que lo adoptara, y observar cómo en lo más nimio se observa el designio del gran artista.

Que la «bautizadora» de tres de los personajes sea la anciana madre de Bernarda es un signo de su carácter. Ha señalado en un certero artículo Ricardo Doménech: «En el género trágico, la locura y la ceguera son símbolos de intensa significación» [24]. Así, María Josefa, única que dice la verdad que las demás ocultan —o se ocultan a sí mismas—, pertenece al mismo linaje que el Tiresias de *Edipo rey* y el bufón de *King Lear*. La misma Adela, observa Doménech, participa de su locura conforme avanza hacia su destino: «Se le está poniendo mirar de loca», dice de ella Angustias. Símbolo de la locura que los demás desechan, pues en ella se encuentra la verdad oprimida, María Josefa alcanza su máxima significación

---

[24] «Sobre "La casa de Bernarda Alba". De la locura a la inmolación de la juventud», *Informaciones*, Madrid, 7-X-1976.

cuando aparece en escena, poco antes del final de la obra, con una oveja entre los brazos, para ella supuesto hijo. Símbolo sacrificial de clara procedencia cristiana, la oveja-hijo augura implícitamente la muerte de Adela:

> Ni tú ni yo queremos dormir.
> La puerta sola se abrirá
> y en la playa nos meteremos
> en una choza de coral.

Si la puerta, conocido símbolo lorquiano, conduce a la liberación, se abre también hacia la muerte, aquí significada por la sangre metaforizada en coral y por la presencia del mar. A pesar del evangélico y popular «vamos a los ramos del portal de Belén», no hay piedad posible en el desenlace trágico. Por eso el mutis último María Josefa lo hace, con su oveja en los brazos, llorando, antes de que se efectúe la delación y mentira de la envidiosa Martirio y de que Adela trasponga la puerta de la habitación donde se suicida.

María Josefa, «proyección imaginada, polo de poesía y locura de todos los personajes de la obra», como ha escrito el hermano del poeta, actúa, dentro de sus breves intervenciones, como figura única de un coro que comentara crítica y poéticamente la insalvable ceguera de los habitantes de la casa. En un fondo invisible, y al margen del coro de segadores, se percibe otra presencia de tipo coral, actuante a pesar de que no tenga voz: las gentes del pueblo, sentidas como una amenaza. Si Bernarda domina a Poncia es no sólo por su autoridad de dueña de la casa, sino también porque conoce la vida indigna de la madre de su criada, como sabe otras «historias» del pueblo. Pero allí donde tanto importa el qué dirán ese conocimiento también puede volverse contra ella. De ahí el temor a las vecinas, que pueden estar «con el oído pegado a los tabiques». Dirá Poncia al final del segundo acto: «En el pueblo hay gentes que leen también de lejos los pensamientos escondidos.» Consumada la tragedia, la opresión interna de la casa se intensificará de modo definitivo: «Nos hundiremos en un mar de luto.» Pero el silencio que Bernarda pide repetidamente está dirigido, en los duros lazos que la obra ha definido, no sólo a sus hijas y criadas; Bernarda se dirige tácitamente a las lenguas y oídos de todo el pueblo. La tajante afirmación que entonces hace, tratando de imponer una convicción que ella sabe falsa, parece dirigirse a un público más amplio que el de sus propias hijas, como si los mismos espectadores del drama fueran también los que deben sofocar la evidencia de la verdad: «Ella, la hija menor de Bernarda Alba, ha muerto virgen. ¿Me habéis oído? Silencio, silencio he dicho. ¡Silencio!»

Dejando a un lado la inacabada *Comedia sin título* y el resto de los proyectos que le rondaban, García Lorca escribió *La casa de Bernarda Alba* en un tiempo reducido y con una intención que él declara fotográfica. Su estilizado realismo es profundamente poético, como denotan parcialmente los rasgos apuntados y la misma matemática estructura con que la obra está construida. El subtítulo escogido —«Drama de mujeres en los pueblos de España»— es índice del intencionado carácter documental, pero también del antilocalismo pretendido. Si en el lenguaje empleado apenas hay rasgos dialectales, algo de lo que siempre huyó el poeta (enemigo del manierismo andalucista de los Quintero), la trama y mundo expresados tampoco son exclusivamente andaluces, independientemente de que la inspiración brotara de hechos y personas de un pueblo de la vega granadina: Valderrubio. La discusión, de todos modos, carece de importancia, pues es en la radicalidad humana con que el conflicto está planteado donde descansa la universalidad y la grandeza de este drama. Con él García Lorca cerraba la trilogía dramática que había iniciado en *Bodas de sangre,* había continuado con *Yerma,* y se había interrumpido en *La destrucción de Sodoma.* Caminos plurales se abrían a partir de ese momento ante el poeta. Si por un lado ensayaba *Así que pasen cinco años* con el grupo teatral Anfistora, para su estreno en 1936, por otro debía haber postergado la terminación de *Los sueños de mi prima Aurelia,* que estrenaría Carmen Díaz, para la estancia del verano en Granada. De modo más amplio completa esta ebullición de proyectos teatrales el citado editorial de *La Voz:*

García Lorca exponía sus planes; contaba su empeño de remozar la zarzuela española dándole un moderno y amplio sentido lírico, del que ahora carece, y limpiándola de los tópicos y vulgaridades que la empujaron a la decadencia; tronaba contra los que se lanzan a escribir comedias sin conocer el castellano; decía su amor a Galdós —«¡Y hay autores dramáticos que no han conocido a Galdós!»— y su fervor por el teatro clásico, fuente inagotable de la que ha de nutrirse el teatro nuevo... Iba a marcharse, a los pocos días, a su Granada insigne, a su casa familiar [...]. Allí pasaría el verano trabajando...

Esta intención debió cumplirse en parte, la poca que el tiempo le concedió. Según recojo al analizar el autógrafo de *La casa* (véanse las notas finales), el poeta mantendrá vivo el proyecto de *Los sueños* y aún retoca el mencionado autógrafo en sus últimos días de libertad, cuando se refugia en la casa de la familia Rosales, antes de su detención e inmediato fusilamiento.

MARIO HERNÁNDEZ

LA CASA
DE BERNARDA ALBA

DRAMA DE MUJERES
EN LOS PUEBLOS DE ESPAÑA

PERSONAS

BERNARDA, 60 años
MARÍA JOSEFA (madre de Bernarda), 80 años
ANGUSTIAS (hija de Bernarda), 39 años
MAGDALENA (hija de Bernarda), 30 años
AMELIA (hija de Bernarda), 27 años
MARTIRIO (hija de Bernarda), 24 años
ADELA (hija de Bernarda), 20 años
CRIADA, 50 años
LA PONCIA (criada), 60 años
PRUDENCIA, 50 años
[MENDIGA CON NIÑA]
MUJERES DE LUTO
[MUJER 1.ª
MUJER 2.ª
MUJER 3.ª
MUJER 4.ª
MUCHACHA]

*El poeta advierte que estos tres actos tienen
la intención de un documental fotográfico.*

ACTO PRIMERO

Habitación blanquísima del interior de la casa de Bernarda. Muros gruesos. Puertas en arco con cortinas de yute rematadas con madroños y volantes. Sillas de anea. Cuadros con paisajes inverosímiles de ninfas o reyes de leyenda. Es verano. Un gran silencio umbroso se extiende por la escena. Al levantarse el telón está la escena sola. Se oyen doblar las campanas.

(Sale la Criada 1.ª)

[CRIADA]
Ya tengo el doble de esas campanas metido entre las sienes.

LA PONCIA *(Sale comiendo chorizo y pan.)*
Llevan ya más de dos horas de gori-gori. Han venido curas de todos los pueblos. La iglesia está hermosa. En el primer responso se desmayó la Magdalena.

CRIADA

Esa es la que se queda más sola.

PONCIA

Era a la única que quería el padre. ¡Ay! ¡Gracias a Dios que estamos solas un poquito! Yo he venido a comer.

CRIADA

¡Si te viera Bernarda!

PONCIA

¡Quisiera que ahora, como no come ella, que todas nos muriéramos de hambre! ¡Mandona! ¡Dominanta! ¡Pero se fastidia! Le he abierto la orza de chorizos.

CRIADA *(Con tristeza ansiosa.)*

¿Por qué no me das para mi niña, Poncia?

PONCIA

Entra y llévate también un puñado de garbanzos. ¡Hoy no se dará cuenta!

VOZ *(Dentro.)*

¡Bernarda!

PONCIA

La vieja. ¿Está bien encerrada?

CRIADA

Con dos vueltas de llave.

PONCIA

Pero debes poner también la tranca. Tiene unos dedos como cinco ganzúas.

Voz
    ¡Bernarda!

Poncia *(A voces.)*
    ¡Ya viene! *(A la Criada.)* Limpia bien todo. Si Ber-
nada no ve relucientes las cosas me arrancará los
pocos pelos que me quedan.

Criada
    ¡Qué mujer!

Poncia
    Tirana de todos los que la rodean. Es capaz de sen-
tarse encima de tu corazón y ver cómo te mueres
durante un año sin que se le cierre esa sonrisa fría
que lleva en su maldita cara. ¡Limpia, limpia ese
vidriado!

Criada
    Sangre en las manos tengo de fregarlo todo.

Poncia
    Ella la más aseada, ella la más decente, ella la más
alta. Buen descanso ganó su pobre marido.

(Cesan las campanas.)

Criada
    ¿Han venido todos sus parientes?

Poncia
    Los de ella. La gente de él la odia. Vinieron a verlo
muerto, y le hicieron la cruz.

Criada
    ¿Hay bastantes sillas?

PONCIA

Sobran. Que se sienten en el suelo. Desde que murió el padre de Bernarda no han vuelto a entrar las gentes bajo estos techos. Ella no quiere que la vean en su dominio. ¡Maldita sea!

CRIADA

Contigo se portó bien.

PONCIA

Treinta años lavando sus sábanas, treinta años comiendo sus sobras, noches en vela cuando tose, días enteros mirando por la rendija para espiar a los vecinos y llevarle el cuento; vida sin secretos una con otra, y sin embargo, ¡maldita sea! ¡mal dolor de clavo le pinche en los ojos!

CRIADA

¡Mujer!

PONCIA

Pero yo soy buena perra: ladro cuando me lo dice y muerdo los talones de los que piden limosna cuando ella me azuza; mis hijos trabajan en sus tierras y ya están los dos casados, pero un día me hartaré.

CRIADA

Y ese día...

PONCIA

Ese día me encerraré con ella en un cuarto y le estaré escupiendo un año entero: «Bernarda, por esto, por aquello, por lo otro», hasta ponerla como un lagarto machacado por los niños, que es lo que es ella y toda su parentela. Claro es que no le envidio la vida. Le quedan cinco mujeres, cinco hijas feas, que quitando a Angustias, la mayor, que es la hija del primer marido y tiene dineros, las demás mucha puntilla bordada, muchas camisas de hilo, pero pan y uvas por toda herencia.

CRIADA

¡Ya quisiera tener yo lo que ellas!

PONCIA

Nosotras tenemos nuestras manos y un hoyo en la tierra de la verdad.

CRIADA

Esa es la única tierra que nos dejan a los que no tenemos nada.

PONCIA *(En la alacena.)*
Este cristal tiene unas motas.

CRIADA

Ni con el jabón ni con bayeta se le quitan.

(Suenan las campanas.)

PONCIA

El último responso. Me voy a oírlo. A mí me gusta mucho cómo canta el párroco. En el «Pater noster» subió, subió, subió la voz que parecía un cántaro llenándose de agua poco a poco. ¡Claro es que al final dio un gallo, pero da gloria oírlo! Ahora que nadie como el antiguo sacristán, Tronchapinos. En la misa de mi madre, que esté en gloria, cantó. Retumbaban las paredes, y cuando decía amén era como si un lobo hubiese entrado en la iglesia. *(Imitándolo.)* ¡Améééén! *(Se echa a toser.)*

CRIADA

Te vas a hacer el gaznate polvo.

PONCIA

¡Otra cosa hacía polvo yo! *(Sale riendo.)*

(La Criada limpia. Suenan las campanas.)

CRIADA *(Llevando el canto.)*

Tin, tin, tan. Tin, tin, tan. ¡Dios lo haya perdonado!

MENDIGA *(Con una niña.)*

¡Alabado sea Dios!

CRIADA

Tin, tin, tan. ¡Que nos espere muchos años! Tin, tin, tan.

MENDIGA *(Fuerte con cierta irritación.)*

¡Alabado sea Dios!

CRIADA *(Irritada.)*

¡Por siempre!

MENDIGA

Vengo por las sobras.

(Cesan las campanas.)

CRIADA

Por la puerta se va [a] la calle. Las sobras de hoy son para mí.

MENDIGA

Mujer, tú tienes quien te gane. Mi niña y yo estamos solas.

CRIADA

También están solos los perros y viven.

MENDIGA

Siempre me las dan.

CRIADA

Fuera de aquí. ¿Quién os dijo que entrarais? Ya me habéis dejado los pies señalados. *(Se van. Limpia.)* Suelos barnizados con aceite, alacenas, pedestales, camas de acero, para que traguemos quina las que vivimos en las chozas de tierra con un plato y una cuchara. ¡Ojalá que un día no quedáramos ni uno para contarlo! *(Vuelven a sonar las campanas.)* Sí, sí, ¡vengan clamores! ¡venga caja con filos dorados y toallas de seda para llevarla!; ¡que lo mismo estarás tú que estaré yo! Fastídiate, Antonio María Benavides, tieso con tu traje de paño y tus botas enterizas. ¡Fastídiate! ¡Ya no volverás a levantarme las enaguas detrás de la puerta de tu corral!

(Por el fondo, de dos [en dos], empiezan a entrar mujeres de luto con pañuelos, grandes faldas y abanicos negros. Entran lentamente hasta llenar la escena.)

CRIADA *(Rompiendo a gritar.)*

¡Ay Antonio María Benavides, que ya no verás estas paredes, ni comerás el pan de esta casa! Yo fui la que más te quiso de las que te sirvieron. *(Tirándose del cabello.)* ¿Y he de vivir yo después de haberte marchado? ¿Y he de vivir?

(Terminan de entrar las doscientas mujeres y aparece Bernarda y sus cinco hijas. Bernarda viene apoyada en un bastón.)

BERNARDA *(A la Criada.)*
¡Silencio!

CRIADA *(Llorando.)*
¡Bernarda!

BERNARDA
Menos gritos y más obras. Debías haber procurado que todo esto estuviera más limpio para recibir al duelo. Vete. No es éste tu lugar. *(La Criada se va sollozando.)* Los pobres son como los animales. Parece como si estuvieran hechos de otras sustancias.

MUJER 1.ª
Los pobres sienten también sus penas.

BERNARDA
Pero las olvidan delante de un plato de garbanzos.

MUCHACHA 1.ª *(Con timidez.)*
Comer es necesario para vivir.

BERNARDA
A tu edad no se habla delante de las personas mayores.

MUJER [1.ª]
Niña, cállate.

BERNARDA
No he dejado que nadie me dé lecciones. Sentarse.

(Se sientan. Pausa.)

(Fuerte.) Magdalena, no llores. Si quieres llorar te metes debajo de la cama. ¿Me has oído?

MUJER 2.ª *(A Bernarda.)*
¿Habéis empezado los trabajos en la era?

BERNARDA
Ayer.

MUJER 3.ª
Cae el sol como plomo.

MUJER 1.ª
Hace años no he conocido calor igual.

(Pausa. Se abanican todas.)

BERNARDA
¿Está hecha la limonada?

PONCIA *(Sale con una gran bandeja llena de jarritas blancas, que distribuye.)*
Sí, Bernarda.

BERNARDA
Dale a los hombres.

PONCIA
La están tomando en el patio.

BERNARDA
Que salgan por donde han entrado. No quiero que pasen por aquí.

MUCHACHA *(A Angustias.)*
Pepe el Romano estaba con los hombres del duelo.

ANGUSTIAS
Allí estaba.

BERNARDA
Estaba su madre. Ella ha visto a su madre. A Pepe no lo ha visto ni ella ni yo.

MUCHACHA
Me pareció...

BERNARDA
Quien sí estaba era el viudo de Darajalí. Muy cerca de tu tía. A ése lo vimos todas.

MUJER 2.ª *(Aparte y en baja voz.)*
¡Mala, más que mala!

MUJER 3.ª *(Aparte y en baja voz.)*
¡Lengua de cuchillo!

BERNARDA
Las mujeres en la iglesia no deben mirar más hombre que al oficiante, y a ése porque tiene faldas. Volver la cabeza es buscar el calor de la pana.

MUJER 1.ª *(En voz baja.)*
¡Vieja lagarta recocida!

PONCIA *(Entre dientes.)*
¡Sarmentosa por calentura de varón!

BERNARDA *(Dando un golpe de bastón en el suelo.)*
Alabado sea Dios.

TODAS *(Santiguándose.)*
Sea por siempre bendito y alabado.

BERNARDA

Descansa en paz con la santa
compaña de cabecera.

TODAS

¡Descansa en paz!

BERNARDA

Con el ángel San Miguel
y su espada justiciera.

TODAS

¡Descansa en paz!

BERNARDA

Con la llave que todo lo abre
y la mano que todo lo cierra.

TODAS

¡Descansa en paz!

BERNARDA

Con los bienaventurados
y las lucecitas del campo.

TODAS

¡Descansa en paz!

BERNARDA

Con nuestra santa caridad
y las almas de tierra y mar.

TODAS

¡Descansa en paz!

BERNARDA
Concede el reposo a tu siervo Antonio María Benavides y dale la corona de tu santa gloria.

TODAS
Amén.

BERNARDA *(Se pone de pie y canta.)*
Requiem aeternam dona eis, Domine.

TODAS *(De pie y cantando al modo gregoriano.)*
Et lux perpetua luceat eis. *(Se santiguan.)*

MUJER 1.ª
Salud para rogar por su alma.

(Van desfilando.)

MUJER 3.ª
No te faltará la hogaza de pan caliente.

MUJER 2.ª
Ni el techo para tus hijas.

(Van desfilando todas por delante de Bernarda y saliendo. Sale Angustias por otra puerta, la que da al patio.)

MUJER 4.ª
El mismo lujo de tu casamiento lo sigas disfrutando.

PONCIA *(Entrando con una bolsa.)*
De parte de los hombres esta bolsa de dineros para responsos.

BERNARDA
Dales las gracias y échales una copa de aguardiente.

MUCHACHA *(A Magdalena.)*
Magdalena.

BERNARDA *(A Magdalena, que inicia el llanto.)*
Chiss. *(Golpea con el bastón.) (Salen todas. A las que se han ido.)* ¡Andar a vuestras cuevas a criticar todo lo que habéis visto! Ojalá tardéis muchos años en pasar el arco de mi puerta.

PONCIA
No tendrás queja ninguna. Ha venido todo el pueblo.

BERNARDA
Sí, para llenar mi casa con el sudor de sus refajos y el veneno de sus lenguas.

AMELIA
¡Madre, no hable usted así!

BERNARDA
Es así como se tiene que hablar en este maldito pueblo sin río, pueblo de pozos, donde siempre se bebe el agua con el miedo de que esté envenenada.

PONCIA
¡Cómo han puesto la solería!

BERNARDA
Igual que si hubiera pasado por ella una manada de cabras. *(La Poncia limpia el suelo.)* Niña, dame un abanico.

ADELA

Tome usted. *(Le da un abanico redondo con flores rojas y verdes.)*

BERNARDA *(Arrojando el abanico al suelo.)*

¿Es éste el abanico que se da a una viuda? Dame uno negro y aprende a respetar el luto de tu padre.

MARTIRIO

Tome usted el mío.

BERNARDA

¿Y tú?

MARTIRIO

Yo no tengo calor.

BERNARDA

Pues busca otro, que te hará falta. En ocho años que dure el luto no ha de entrar en esta casa el viento de la calle. Haceros cuenta que hemos tapiado con ladrillos puertas y ventanas. Así pasó en casa de mi padre y en casa de mi abuelo. Mientras, podéis empezar a bordaros el ajuar. En el arca tengo veinte piezas de hilo con el que podréis cortar sábanas y embozos. Magdalena puede bordarlas.

MAGDALENA

Lo mismo me da.

ADELA

(Agria.) Si no queréis bordarlas irán sin bordados. Así las tuyas lucirán más.

MAGDALENA

Ni las mías ni las vuestras. Sé que yo no me voy a casar. Prefiero llevar sacos al molino. Todo menos estar sentada días y días dentro de esta sala oscura.

BERNARDA

Eso tiene ser mujer.

MAGDALENA

Malditas sean las mujeres.

BERNARDA

Aquí se hace lo que yo mando. Ya no puedes ir con el cuento a tu padre. Hilo y aguja para las hembras. Látigo y mula para el varón. Eso tiene la gente que nace con posibles.

(Sale Adela.)

VOZ

Bernarda, ¡déjame salir!

BERNARDA *(En voz alta.)*

¡Dejadla ya!

(Sale la Criada 1.ª)

CRIADA

Me ha costado mucho trabajo sujetarla. A pesar de sus ochenta años tu madre es fuerte como un roble.

BERNARDA

Tiene a quien parecérsele. Mi abuela fue igual.

CRIADA

Tuve durante el duelo que taparle varias veces la boca con un costal vacío porque quería llamarte para

63

que le dieras agua de fregar siquiera, para beber, y
carne de perro, que es lo que ella dice que le das.

MARTIRIO

Tiene mala intención.

BERNARDA *(A la Criada.)*

Déjala que se desahogue en el patio.

CRIADA

Ha sacado del cofre sus anillos y los pendientes de
amatistas, se los ha puesto y me ha dicho que se
quiere casar.

(Las hijas ríen.)

BERNARDA

Ve con ella y ten cuidado que no se acerque al pozo.

CRIADA

No tengas miedo que se tire.

BERNARDA

No es por eso. Pero desde aquel sitio las vecinas
pueden verla desde su ventana.

(Sale la Criada.)

MARTIRIO

Nos vamos a cambiar la ropa.

BERNARDA

Sí, pero no el pañuelo de la cabeza. *(Entra Adela.)*
¿Y Angustias?

ADELA *(Con retintín.)*
La he visto asomada a la rendija del portón. Los hombres se acababan de ir.

BERNARDA
¿Y tú a qué fuiste también al portón?

ADELA
Me llegué a ver si habían puesto las gallinas.

BERNARDA
¡Pero el duelo de los hombres habría salido ya!

ADELA *(Con intención.)*
Todavía estaba un grupo parado por fuera.

BERNARDA *(Furiosa.)*
¡Angustias! ¡Angustias!

ANGUSTIAS *(Entrando.)*
¿Qué manda usted?

BERNARDA
¿Qué mirabas y a quién?

ANGUSTIAS
A nadie.

BERNARDA
¿Es decente que una mujer de tu clase vaya con el anzuelo detrás de un hombre el día de la misa de su padre? ¡Contesta! ¿A quién mirabas?

(Pausa.)

ANGUSTIAS
Yo...

BERNARDA
¡Tú!

ANGUSTIAS
¡A nadie!

BERNARDA *(Avanzando con el bastón.)*
¡Suave! ¡dulzarrona! *(Le da.)*

PONCIA *(Corriendo.)*
¡Bernarda, cálmate! *(La sujeta.)*

(Angustias llora.)

BERNARDA
¡Fuera de aquí todas!

(Salen.)

PONCIA
Ella lo ha hecho sin dar alcance a lo que hacía, que
está francamente mal. ¡Ya me chocó a mí verla es-
cabullirse hacia el patio! Luego estuvo detrás de una
ventana oyendo la conversación que traían los hombres, que como siempre no se puede oír.

BERNARDA
¡A eso vienen a los duelos! *(Con curiosidad.)* ¿De
qué hablaban?

PONCIA
Hablaban de Paca la Roseta. Anoche ataron a su
marido a un pesebre y a ella se la llevaron a la gru-
pa del caballo hasta lo alto del olivar.

BERNARDA
    ¿Y ella?

PONCIA
    Ella tan conforme. Dicen que iba con los pechos
    fuera y Maximiliano la llevaba cogida como si tocara
    la guitarra. ¡Un horror!

BERNARDA
    ¿Y qué pasó?

PONCIA
    Lo que tenía que pasar. Volvieron casi de día. Paca
    la Roseta traía el pelo suelto y una corona de flores
    en la cabeza.

BERNARDA
    Es la única mujer mala que tenemos en el pueblo.

PONCIA
    Porque no es de aquí. Es de muy lejos. Y los que
    fueron con ella son también hijos de forastero. Los
    hombres de aquí no son capaces de eso.

BERNARDA
    No, pero les gusta verlo y comentarlo, y se chupan
    los dedos de que esto ocurra.

PONCIA
    Contaban muchas cosas más.

BERNARDA *(Mirando a un lado y otro con cierto temor.)*
    ¿Cuáles?

PONCIA
    Me da vergüenza referirlas.

BERNARDA

Y mi hija las oyó.

PONCIA

¡Claro!

BERNARDA

Esa sale a sus tías; blancas y untosas que ponían ojos de carnero al piropo de cualquier barberillo. ¡Cuánto hay que sufrir y luchar para hacer que las personas sean decentes y no tiren al monte demasiado!

PONCIA

¡Es que tus hijas están ya en edad de merecer! Demasiada poca guerra te dan. Angustias ya debe tener mucho más de los treinta.

BERNARDA

Treinta y nueve justos.

PONCIA

Figúrate. Y no ha tenido nunca novio...

BERNARDA *(Furiosa.)*

¡No, no ha tenido novio ninguna, ni les hace falta! Pueden pasarse muy bien.

PONCIA

No he querido ofenderte.

BERNARDA

No hay en cien leguas a la redonda quien se pueda acercar a ellas. Los hombres de aquí no son de su clase. ¿Es que quieres que las entregue a cualquier gañán?

PONCIA

Debías haberte ido a otro pueblo.

BERNARDA

Eso, ¡a venderlas!

PONCIA

No, Bernarda, a cambiar... ¡Claro que en otros sitios ellas resultan las pobres!

BERNARDA

¡Calla esa lengua atormentadora!

PONCIA

Contigo no se puede hablar. ¿Tenemos o no tenemos confianza?

BERNARDA

No tenemos. Me sirves y te pago. ¡Nada más!

CRIADA 1.ª *(Entrando.)*

Ahí está don Arturo, que viene a arreglar las particiones.

BERNARDA

Vamos. *(A la Criada.)* Tú empieza a blanquear el patio. *(A la Poncia.)* Y tú ve guardando en el arca grande toda la ropa del muerto.

PONCIA

Algunas cosas las podríamos dar...

BERNARDA

Nada. ¡Ni un botón! ¡Ni el pañuelo con que le hemos tapado la cara! *(Sale lentamente apoyada en el bastón y al salir vuelve la cabeza y mira a sus criadas. Las criadas salen después.)*

(Entran Amelia y Martirio.)

AMELIA

¿Has tomado la medicina?

MARTIRIO

¡Para lo que me va a servir!

AMELIA

Pero la has tomado.

MARTIRIO

Ya hago las cosas sin fe, pero como un reloj.

AMELIA

Desde que vino el médico nuevo estás más animada.

MARTIRIO

Yo me siento lo mismo.

AMELIA

¿Te fijaste? Adelaida no estuvo en el duelo.

MARTIRIO

Ya lo sabía. Su novio no la deja salir ni al tranco de la calle. Antes era alegre; ahora ni polvos se echa en la cara.

AMELIA

Ya no sabe una si es mejor tener novio o no.

MARTIRIO

Es lo mismo.

AMELIA

De todo tiene la culpa esta crítica que no nos deja vivir. Adelaida habrá pasado mal rato.

MARTIRIO

Le tienen miedo a nuestra madre. Es la única que conoce la historia de su padre y el origen de sus tierras. Siempre que viene le tira puñaladas con el asunto. Su padre mató en Cuba al marido de su primera mujer para casarse con ella, luego aquí la abandonó y se fue con otra que tenía una hija, y luego tuvo relaciones con esta muchacha, la madre de Adelaida, y casó con ella después de haber muerto loca la segunda mujer.

AMELIA

Y ese infame, ¿por qué no está en la cárcel?

MARTIRIO

Porque los hombres se tapan unos a otros las cosas de esta índole y nadie es capaz de delatar.

AMELIA

Pero Adelaida no tiene culpa de esto.

MARTIRIO

No, pero las cosas se repiten. Yo veo que todo es una terrible repetición. Y ella tiene el mismo sino de su madre y de su abuela, mujeres las dos del que la engendró.

AMELIA

¡Qué cosa más grande!

MARTIRIO

Es preferible no ver a un hombre nunca. Desde niña les tuve miedo. Los veía en el corral uncir los bueyes y levantar los costales de trigo entre voces y zapatazos, y siempre tuve miedo de crecer por temor de encontrarme de pronto abrazada por ellos. Dios

me ha hecho débil y fea y los ha apartado definiti-
vamente de mí.

AMELIA
¡Eso no digas! Enrique Humanes estuvo detrás de
ti y le gustabas.

MARTIRIO
¡Invenciones de la gente! Una vez estuve en camisa
detrás de la ventana hasta que fue de día, porque
me avisó con la hija de su gañán que iba a venir,
y no vino. Fue todo cosa de lenguas. Luego se casó
con otra que tenía más que yo.

AMELIA
¡Y fea como un demonio!

MARTIRIO
¡Qué les importa a ellos la fealdad! A ellos les importa la tierra, las yuntas y una perra sumisa que
les dé de comer.

AMELIA
¡Ay!

(Entra Magdalena.)

MAGDALENA
¿Qué hacéis?

MARTIRIO
Aquí.

AMELIA
¿Y tú?

MAGDALENA

Vengo de correr las cámaras. Por andar un poco.
De ver los cuadros bordados en cañamazo de nuestra abuela, el perrito de lanas y el negro luchando
con el león, que tanto nos gustaba de niñas. Aquélla
era una época más alegre. Una boda duraba diez
días y no se usaban las malas lenguas. Hoy hay más
finura. Las novias se ponen velo blanco como en
las poblaciones, y se bebe vino de botella, pero nos
pudrimos por el qué dirán.

MARTIRIO

¡Sabe Dios lo que entonces pasaría!

AMELIA *(A Magdalena.)*

Llevas desabrochados los cordones de un zapato.

MAGDALENA

¡Qué más da!

AMELIA

¡Te los vas a pisar y te vas a caer!

MAGDALENA

¡Una menos!

MARTIRIO

¿Y Adela?

MAGDALENA

¡Ah! Se ha puesto el traje verde que se hizo para
estrenar el día de su cumpleaños, se ha ido al corral y ha comenzado a voces: «¡Gallinas, gallinas,
miradme!» ¡Me he tenido que reír!

AMELIA
¡Si la hubiera visto madre!

MAGDALENA
¡Pobrecilla! Es la más joven de nosotras y tiene ilusión. ¡Daría algo por verla feliz!

(Pausa. Angustias cruza la escena con unas toallas en la mano.)

ANGUSTIAS
¿Qué hora es?

MARTIRIO
Ya deben ser las doce.

ANGUSTIAS
¿Tanto?

AMELIA
Estarán al caer.

(Sale Angustias.)

MAGDALENA *(Con intención.)*
¿Sabéis ya la cosa?... *(Señalando a Angustias.)*

AMELIA
No.

MAGDALENA
¡Vamos!

MARTIRIO
¡No sé a qué cosa te refieres!...

MAGDALENA

Mejor que yo lo sabéis las dos, siempre cabeza con cabeza como dos ovejitas, pero sin desahogaros con nadie. ¡Lo de Pepe el Romano!

MARTIRIO

¡Ah!

MAGDALENA *(Remedándola.)*

¡Ah! Ya se comenta por el pueblo. Pepe el Romano viene a casarse con Angustias. Anoche estuvo rondando la casa y creo que pronto va a mandar un emisario.

MARTIRIO

¡Yo me alegro! Es buen hombre.

AMELIA

Yo también. Angustias tiene buenas condiciones.

MAGDALENA

Ninguna de las dos os alegráis.

MARTIRIO

¡Magdalena! ¡Mujer!

MAGDALENA

Si viniera por el tipo de Angustias, por Angustias como mujer, yo me alegraría, pero viene por el dinero. Aunque Angustias es nuestra hermana aquí estamos en familia y reconocemos que está vieja, enfermiza, y que siempre ha sido la que ha tenido menos mérito de todas nosotras, porque si con veinte años parecía un palo vestido, ¡qué será ahora que tiene cuarenta!

MARTIRIO

No hables así. La suerte viene a quien menos la aguarda.

AMELIA

¡Después de todo dice la verdad! Angustias tiene el dinero de su padre, es la única rica de la casa y por eso ahora, que nuestro padre ha muerto y ya se harán particiones, vienen por ella.

MAGDALENA

Pepe el Romano tiene veinticinco años y es el mejor tipo de todos estos contornos. Lo natural sería que te pretendiera a ti, Amelia, o [a] nuestra Adela, que tiene veinte años, pero no que venga a buscar lo más oscuro de esta casa, a una mujer que como su padre habla con la nariz.

MARTIRIO

¡Puede que a él le guste!

MAGDALENA

¡Nunca he podido resistir tu hipocresía!

MARTIRIO

¡Dios nos valga!

(Entra Adela.)

MAGDALENA

¿Te han visto ya las gallinas?

ADELA

¿Y qué querías que hiciera?

AMELIA

¡Si te ve nuestra madre te arrastra del pelo!

ADELA

Tenía mucha ilusión con el vestido. Pensaba ponér-
melo el día que vamos a comer sandías a la noria.
No hubiera habido otro igual.

MARTIRIO

¡Es un vestido precioso!

ADELA

Y me está muy bien. Es lo que mejor ha cortado
Magdalena.

MAGDALENA

¿Y las gallinas qué te han dicho?

ADELA

Regalarme unas cuantas pulgas que me han acribi-
llado las piernas.

(Ríen.)

MARTIRIO

Lo que puedes hacer es teñirlo de negro.

MAGDALENA

¡Lo mejor que puede hacer es regalárselo a Angustias para su boda con Pepe el Romano!

ADELA *(Con emoción contenida.)*
¡Pero Pepe el Romano...!

AMELIA

¿No lo has oído decir?

ADELA

No.

MAGDALENA

¡Pues ya lo sabes!

ADELA

¡Pero si no puede ser!

MAGDALENA

¡El dinero lo puede todo!

ADELA

¿Por eso ha salido detrás del duelo y estuvo mirando por el portón? *(Pausa.)* Y ese hombre es capaz de...

MAGDALENA

Es capaz de todo.

(Pausa.)

MARTIRIO

¿Qué piensas, Adela?

ADELA

Pienso que este luto me ha cogido en la peor época de mi vida para pasarlo.

MAGDALENA

Ya te acostumbrarás.

ADELA *(Rompiendo a llorar con ira.)*

¡No, no me acostumbraré! Yo no quiero estar encerrada. No quiero que se me pongan las carnes como a vosotras. ¡No quiero perder mi blancura en estas habitaciones! ¡Mañana me pondré mi vestido verde y me echaré a pasear por la calle! ¡Yo quiero salir!

(Entra la Criada 1.ª)

MAGDALENA *(Autoritaria.)*
¡Adela!

CRIADA 1.ª
¡La pobre! ¡Cuánto ha sentido a su padre! *(Sale.)*

MARTIRIO
¡Calla!

AMÉLIA
Lo [que] sea de una será de todas.

(Adela se calma.)

MAGDALENA
Ha estado a punto de oírte la criada.

CRIADA *(Apareciendo.)*
Pepe el Romano viene por lo alto de la calle.

(Amelia, Martirio y Magdalena corren presurosas.)

MAGDALENA
¡Vamos a verlo!

(Salen rápidas.)

CRIADA *(A Adela.)*
¿Tú no vas?

ADELA
No me importa.

CRIADA
Como dará la vuelta a la esquina, desde la ventana
de tu cuarto se verá mejor. *(Sale la Criada.)*

(Adela queda en escena dudando. Después de un instante se va también rápida hacia su habitación. Salen Bernarda y la Poncia.)

BERNARDA
¡Malditas particiones!

PONCIA
¡¡Cuánto dinero le queda a Angustias!!

BERNARDA
Sí.

PONCIA
Y a las otras bastante menos.

BERNARDA
Ya me lo has dicho tres veces y no te he querido replicar. Bastante menos, mucho menos. No me lo recuerdes más.

(Sale Angustias muy compuesta de cara.)

BERNARDA
¡Angustias!

ANGUSTIAS
Madre.

BERNARDA
¿Pero has tenido valor de echarte polvos en la cara? ¿Has tenido valor de lavarte la cara el día de la misa de tu padre?

ANGUSTIAS
No era mi padre. El mío murió hace tiempo. ¿Es que ya no lo recuerda usted?

BERNARDA
    ¡Más debes a este hombre, padre de tus hermanas,
    que al tuyo! Gracias a este hombre tienes colmada
    tu fortuna.

ANGUSTIAS
    ¡Eso lo teníamos que ver!

BERNARDA
    ¡Aunque fuera por decencia! Por respeto.

ANGUSTIAS
    Madre, déjeme usted salir.

BERNARDA
    ¿Salir? Después que te haya quitado esos polvos de
    la cara. ¡Suavona! ¡yeyo! ¡espejo de tus tías! *(Le
    quita violentamente con su pañuelo los polvos.)* ¡Aho-
    ra vete!

PONCIA
    ¡Bernarda, no seas tan inquisitiva!

BERNARDA
    Aunque mi madre esté loca yo estoy con mis cinco
    sentidos y sé perfectamente lo que hago.

    (Entran todas.)

MAGDALENA
    ¿Qué pasa?

BERNARDA
    No pasa nada.

MAGDALENA *(A Angustias.)*
Si es que discutís por las particiones, tú, que eres
la más rica, te puedes quedar con todo.

ANGUSTIAS
¡Guárdate la lengua en la madriguera!

BERNARDA *(Golpeando con el bastón en el suelo.)*
¡No os hagáis ilusiones de que vais a poder conmigo! ¡Hasta que salga de esta casa con los pies ade-
lante mandaré en lo mío y en lo vuestro!

*(Se oyen unas voces y entra en escena María Josefa,
la madre de Bernarda, viejísima, ataviada con flores
en la cabeza y en el pecho.)*

MARÍA JOSEFA
Bernarda, ¿dónde está mi mantilla? Nada de lo que
tengo quiero que sea para vosotras, ni mis anillos,
ni mi traje negro de moaré, porque ninguna de vosotras se va a casar. ¡Ninguna! ¡Bernarda, dame mi
gargantilla de perlas!

BERNARDA *(A la Criada.)*
¿Por qué la habéis dejado entrar?

CRIADA *(Temblando.)*
¡Se me escapó!

MARÍA JOSEFA
Me escapé porque me quiero casar, porque quiero
casarme con un varón hermoso de la orilla del mar,
ya que aquí los hombres huyen de las mujeres.

BERNARDA
¡Calle usted, madre!

MARÍA JOSEFA
No, no callo. No quiero ver a estas mujeres solteras, rabiando por la boda, haciéndose polvo el corazón, y yo me quiero ir a mi pueblo. ¡Bernarda, yo quiero un varón para casarme y tener alegría!

BERNARDA
¡Encerradla!

MARÍA JOSEFA
Déjame salir, Bernarda.

(La Criada coge a María Josefa.)

BERNARDA
¡Ayudarla vosotras!

(Todas arrastran a la vieja.)

MARÍA JOSEFA
¡Quiero irme de aquí! ¡Bernarda! A casarme a la orilla del mar, a la orilla del mar.

TELON RAPIDO

ACTO SEGUNDO

Habitación blanca del interior de la casa de Bernarda.
Las puertas de la izquierda dan a los dormitorios. Las
hijas de Bernarda están sentadas en sillas bajas, cosien-
do. Magdalena borda. Con ellas está la Poncia.

ANGUSTIAS
Ya he cortado la tercer sábana.

MARTIRIO
Le corresponde a Amelia.

MAGDALENA
Angustias, ¿pongo también las iniciales de Pepe?

ANGUSTIAS *(Seca.)*
No.

MAGDALENA *(A voces.)*
Adela, ¿no vienes?

AMELIA

Estará echada en la cama.

PONCIA

Esa tiene algo. La encuentro sin sosiego, temblona,
asustada como si tuviera una lagartija entre los pechos.

MARTIRIO

No tiene ni más ni menos que lo que tenemos todas.

MAGDALENA

Todas menos Angustias.

ANGUSTIAS

Yo me encuentro bien, y al que le duela que re-
viente.

MAGDALENA

Desde luego hay que reconocer que lo mejor que
has tenido siempre ha sido el talle y la delicadeza.

ANGUSTIAS

Afortunadamente pronto voy a salir de este in-
fierno.

MAGDALENA

¡A lo mejor no sales!

MARTIRIO

¡Dejar esa conversación!

ANGUSTIAS

Y, además, ¡más vale onza en el arca que ojos negros en la cara!

MAGDALENA
Por un oído me entra y por otro me sale.

AMELIA *(A la Poncia.)*
Abre la puerta del patio a ver si nos entra un poco
el fresco. *(La Poncia lo hace.)*

MARTIRIO
Esta noche pasada no me podía quedar dormida del
calor.

AMELIA
¡Yo tampoco!

MAGDALENA
Yo me levanté a refrescarme. Había un nublo negro de tormenta y hasta cayeron algunas gotas.

PONCIA
Era la una de la madrugada y salía fuego de la tierra. También me levanté yo. Todavía estaba Angustias con Pepe en la ventana.

MAGDALENA *(Con ironía.)*
¿Tan tarde? ¿A qué hora se fue?

ANGUSTIAS
Magdalena, ¿a qué preguntas si lo viste?

AMELIA
Se iría a eso de la una y media.

ANGUSTIAS
Sí. ¿Tú por qué lo sabes?

AMELIA
Lo sentí toser y oí los pasos de su jaca.

PONCIA
   ¡Pero si yo lo sentí marchar a eso de las cuatro!

ANGUSTIAS
   ¡No sería él!

PONCIA
   ¡Estoy segura!

AMELIA
   A mí también me pareció.

MAGDALENA
   ¡Qué cosa más rara!

   (Pausa.)

PONCIA
   Oye, Angustias, ¿qué fue lo que te dijo la primera
   vez que se acercó a tu ventana?

ANGUSTIAS
   Nada. ¡Qué me iba a decir! Cosas de conversación.

MARTIRIO
   Verdaderamente es raro que dos personas que no se
   conocen se vean de pronto en una reja y ya novios.

ANGUSTIAS
   Pues a mí no me chocó.

AMELIA
   A mí me daría no sé qué.

ANGUSTIAS
   No, porque cuando un hombre se acerca a una reja
   ya sabe por los que van y vienen, llevan y traen, que
   se le va a decir que sí.

MARTIRIO
Bueno, pero él te lo tendría que decir.

ANGUSTIAS
¡Claro!

AMELIA *(Curiosa.)*
¿Y cómo te lo dijo?

ANGUSTIAS
Pues, nada: «Ya sabes que ando dctrás de ti, necesito una mujer buena, modosa, y ésa eres tú, si me das la conformidad.»

AMELIA
¡A mí me da vergüenza de estas cosas!

ANGUSTIAS
¡Y a mí, pero hay que pasarlas!

PONCIA
¿Y habló más?

ANGUSTIAS
Sí, siempre habló él.

MARTIRIO
¿Y tú?

ANGUSTIAS
Yo no hubiera podido. Casi se me salía el corazón por la boca. Era la primera vez que estaba sola de noche con un hombre.

MAGDALENA
Y un hombre tan guapo.

ANGUSTIAS

¡No tiene mal tipo!

PONCIA

Esas cosas pasan entre personas ya un poco instrui-
das que hablan y dicen y mueven la mano... La primera vez que mi marido Evaristo el Colorín vino a
mi ventana... ¡Ja, ja, ja!

AMELIA

¿Qué pasó?

PONCIA

Era muy oscuro. Lo vi acercarse y, al llegar, me
dijo: «Buenas noches.» «Buenas noches», le dije
yo, y nos quedamos callados más de media hora.
Me corría el sudor por todo el cuerpo. Entonces
Evaristo se acercó, se acercó que se quería meter
por los hierros, y dijo con voz muy baja: «¡Ven,
que te tiente!»

*(Ríen todas. Amelia se levanta corriendo y espía por
una puerta.)*

AMELIA

¡Ay! Creí que llegaba nuestra madre.

MAGDALENA

¡Buenas nos hubiera puesto!

(Siguen riendo.)

AMELIA

Chiss... ¡Que nos va a oír!

PONCIA

Luego se portó bien. En vez de darle por otra cosa,
le dio por criar colorines hasta que murió. A vos-

otras, que sois solteras, os conviene saber de todos modos que el hombre a los quince días de boda deja la cama por la mesa, y luego la mesa por la tabernilla. Y la que no se conforma se pudre llorando en un rincón.

AMELIA
Tú te conformaste.

PONCIA
¡Yo pude con él!

MARTIRIO
¿Es verdad que le pegaste algunas veces?

PONCIA
Sí, y por poco lo dejo tuerto.

MAGDALENA
¡Así debían ser todas las mujeres!

PONCIA
Yo tengo la escuela de tu madre. Un día me dijo no sé qué cosa y le maté todos los colorines con la mano del almirez.

(Ríen.)

MAGDALENA
Adela, niña, no te pierdas esto.

AMELIA
Adela.

(Pausa.)

MAGDALENA

¡Voy a ver! *(Entra.)*

PONCIA

¡Esa niña está mala!

MARTIRIO

Claro, ¡no duerme apenas!

PONCIA

Pues, ¿qué hace?

MARTIRIO

¡Yo qué sé lo que hace!

PONCIA

Mejor lo sabrás tú que yo, que duermes pared por medio.

ANGUSTIAS

La envidia la come.

AMELIA

No exageres.

ANGUSTIAS

Se lo noto en los ojos. Se le está poniendo mirar de loca.

MARTIRIO

No habléis de locos. Aquí es el único sitio donde no se puede pronunciar esta palabra.

(Sale Magdalena con Adela.)

MAGDALENA

Pues, ¿no estaba dormida?

ADELA

Tengo mal cuerpo.

MARTIRIO *(Con intención.)*

¿Es que no has dormido bien esta noche?

ADELA

Sí.

MARTIRIO

¿Entonces?

ADELA *(Fuerte.)*

¡Déjame ya! ¡Durmiendo o velando, no tienes por qué meterte en lo mío! ¡Yo hago con mi cuerpo lo que me parece!

MARTIRIO

¡Sólo es interés por ti!

ADELA

Interés o inquisición. ¿No estabais cosiendo? Pues seguir. ¡Quisiera ser invisible, pasar por las habitaciones sin que me preguntarais dónde voy!

CRIADA *(Entra.)*

Bernarda os llama. Está el hombre de los encajes.

(Salen. Al salir, Martirio mira fijamente a Adela.)

ADELA

¡No me mires más! Si quieres te daré mis ojos, que son frescos, y mis espaldas, para que te compongas

la joroba que tienes, pero vuelve la cabeza cuando
yo pase.

[(*Se va Martirio.*)]

PONCIA

¡Adela, que es tu hermana, y además la que más
te quiere!

ADELA

Me sigue a todos lados. A veces se asoma a mi cuarto para ver si duermo. No me deja respirar. Y siempre: «¡Qué lástima de cara! ¡Qué lástima de cuerpo,
que no va a ser para nadie!» ¡Y eso no! ¡Mi cuerpo
será de quien yo quiera!

PONCIA (*Con intención y en voz baja.*)

De Pepe el Romano, ¿no es eso?

ADELA (*Sobrecogida.*)

¿Qué dices?

PONCIA

¡Lo que digo, Adela!

ADELA

¡Calla!

PONCIA (*Alto.*)

¿Crees que no me he fijado?

ADELA

¡Baja la voz!

PONCIA

¡Mata esos pensamientos!

ADELA

¿Qué sabes tú?

PONCIA

Las viejas vemos a través de las paredes. ¿Dónde vas de noche cuando te levantas?

ADELA

¡Ciega debías estar!

PONCIA

Con la cabeza y las manos llenas de ojos cuando se trata de lo que se trata. Por mucho que pienso no sé lo que te propones. ¿Por qué te pusiste casi desnuda con la luz encendida y la ventana abierta al pasar Pepe el segundo día que vino a hablar con tu hermana?

ADELA

¡Eso no es verdad!

PONCIA

¡No seas como los niños chicos! Deja en paz a tu hermana y si Pepe el Romano te gusta te aguantas. *(Adela llora.)* Además, ¿quién dice que no te puedas casar con él? Tu hermana Angustias es una enferma. Esa no resiste el primer parto. Es estrecha de cintura, vieja, y con mi conocimiento te digo que se morirá. Entonces Pepe hará lo que hacen todos los viudos de esta tierra: se casará con la más joven, la más hermosa, y ésa eres tú. Alimenta esa esperanza, olvídalo. Lo que quieras, pero no vayas contra la ley de Dios.

ADELA

¡Calla!

PONCIA

¡No callo!

ADELA

Métete en tus cosas, ¡oledora! ¡pérfida!

PONCIA

¡Sombra tuya he de ser!

ADELA

En vez de limpiar la casa y acostarte para rezar a tus muertos, buscas como una vieja marrana asuntos de hombres y mujeres para babosear en ellos.

PONCIA

¡Velo!, para que las gentes no escupan al pasar por esta puerta.

ADELA

¡Qué cariño tan grande te ha entrado de pronto por mi hermana!

PONCIA

No os tengo ley a ninguna, pero quiero vivir en casa decente. ¡No quiero mancharme de vieja!

ADELA

Es inútil tu consejo. Ya es tarde. No por encima de ti, que eres una criada, por encima de mi madre saltaría para apagarme este fuego que tengo levantado por piernas y boca. ¿Qué puedes decir de mí? ¿Que me encierro en mi cuarto y no abro la puerta? ¿Que no duermo? ¡Soy más lista que tú! Mira a ver si puedes agarrar la liebre con tus manos.

PONCIA

No me desafíes. ¡Adela, no me desafíes! Porque yo puedo dar voces, encender luces y hacer que toquen las campanas.

ADELA

Trae cuatro mil bengalas amarillas y ponlas en las bardas del corral. Nadie podrá evitar que suceda lo que tiene que suceder.

PONCIA

¡Tanto te gusta ese hombre!

ADELA

¡Tanto! Mirando sus ojos me parece que bebo su sangre lentamente.

PONCIA

Yo no te puedo oír.

ADELA

¡Pues me oirás! Te he tenido miedo. ¡Pero ya soy más fuerte que tú!

(Entra Angustias.)

ANGUSTIAS

¡Siempre discutiendo!

PONCIA

Claro, se empeña [en] que, con el calor que hace, vaya a traerle no sé qué cosa de la tienda.

ANGUSTIAS

¿Me compraste el bote de esencia?

PONCIA
El más caro. Y los polvos. En la mesa de tu cuarto
los he puesto.

(Sale Angustias.)

ADELA
¡Y chitón!

PONCIA
¡Lo veremos!

(Entran Martirio, Amelia y Magdalena.)

MAGDALENA *(A Adela.)*
¿Has visto los encajes?

AMELIA
Los de Angustias para sus sábanas de novia son preciosos.

ADELA *(A Martirio, que trae unos encajes.)*
¿Y éstos?

MARTIRIO
Son para mí. Para una camisa.

ADELA *(Con sarcasmo.)*
¡Se necesita buen humor!

MARTIRIO *(Con intención.)*
Para verlos yo. No necesito lucirme ante nadie.

PONCIA
Nadie la ve a una en camisa.

MARTIRIO *(Con intención y mirando a Adela.)*
¡A veces! Pero me encanta la ropa interior. Si fuera rica la tendría de holanda. Es uno de los pocos gustos que me quedan.

PONCIA
Estos encajes son preciosos para las gorras de niño, para manteruelos de cristianar. Yo nunca pude usarlos en los míos. A ver si ahora Angustias los usa en los suyos. Como le dé por tener crías vais a estar cosiendo mañana y tarde.

MAGDALENA
Yo no pienso dar una puntada.

AMELIA
Y mucho menos cuidar niños ajenos. Mira tú cómo están las vecinas del callejón, sacrificadas por cuatro monigotes.

PONCIA
Esas están mejor que vosotras. ¡Siquiera allí se ríe y se oyen porrazos!

MARTIRIO
Pues vete a servir con ellas.

PONCIA
No. ¡Ya me ha tocado en suerte este convento!

(Se oyen unos campanillos lejanos, como a través de varios muros.)

MAGDALENA
Son los hombres que vuelven al trabajo.

PONCIA

Hace un minuto dieron las tres.

MARTIRIO

¡Con este sol!

ADELA *(Sentándose.)*

¡Ay, quién pudiera salir también a los campos!

MAGDALENA *(Sentándose.)*

¡Cada clase tiene que hacer lo suyo!

MARTIRIO *(Sentándose.)*

¡Así es!

AMELIA *(Sentándose.)*

¡Ay!

PONCIA

No hay alegría como la de los campos en esta época. Ayer de mañana llegaron los segadores. Cuarenta o cincuenta buenos mozos.

MAGDALENA

¿De dónde son este año?

PONCIA

De muy lejos. Vinieron de los montes. ¡Alegres! ¡Como árboles quemados! ¡Dando voces y arrojando piedras! Anoche llegó al pueblo una mujer vestida de lentejuelas y que bailaba con un acordeón, y quince de ellos la contrataron para llevársela al olivar. Yo los vi de lejos. El que la contrataba era un muchacho de ojos verdes, apretado como una gavilla de trigo.

AMELIA
¿Es eso cierto?

ADELA
¡Pero es posible!

PONCIA
Hace años vino otra de éstas y yo misma di dinero
a mi hijo mayor para que fuera. Los hombres nece-
sitan estas cosas.

ADELA
Se les perdona todo.

AMELIA
Nacer mujer es el mayor castigo.

MAGDALENA
Y ni nuestros ojos siquiera nos pertenecen.

(Se oye un canto lejano que se va acercando.)

PONCIA
Son ellos. Traen unos cantos preciosos.

AMELIA
Ahora salen a segar.

CORO
> Ya salen los segadores
> en busca de las espigas;
> se llevan los corazones
> de las muchachas que miran.

*(Se oyen panderos y carrañacas. Pausa. Todas oyen
en un silencio traspasado por el sol.)*

AMELIA
¡Y no les importa el calor!

MARTIRIO
Siegan entre llamaradas.

ADELA
Me gustaría segar para ir y venir. Así se olvida lo
que nos muerde.

MARTIRIO
¿Qué tienes tú que olvidar?

ADELA
Cada una sabe sus cosas.

MARTIRIO *(Profunda.)*
¡Cada una!

PONCIA
¡Callar! ¡Callar!

CORO *(Muy lejano.)*

> Abrir puertas y ventanas
> las que vivís en el pueblo;
> el segador pide rosas
> para adornar su sombrero.

PONCIA
¡Qué canto!

MARTIRIO *(Con nostalgia.)*

> Abrir puertas y ventanas
> las que vivís en el pueblo.

ADELA *(Con pasión.)*

> El segador pide rosas
> para adornar su sombrero.

(Se va alejando el cantar.)

PONCIA
Ahora dan la vuelta a la esquina.

ADELA
Vamos a verlos por la ventana de mi cuarto.

PONCIA
Tened cuidado con no entreabrirla mucho, porque
son capaces de dar un empujón para ver quién mira.

*(Se van las tres. Martirio queda sentada en la silla
baja con la cabeza entre las manos.)*

AMELIA *(Acercándose.)*
¿Qué te pasa?

MARTIRIO
Me sienta mal el calor.

AMELIA
¿No es más que eso?

MARTIRIO
Estoy deseando que llegue noviembre, los días de
lluvia, la escarcha; todo lo que no sea este verano
interminable.

AMELIA
Ya pasará y volverá otra vez.

Martirio
¡Claro! *(Pausa.)* ¿A qué hora te dormiste anoche?

Amelia
No sé. Yo duermo como un tronco. ¿Por qué?

Martirio
Por nada, pero me pareció oír gente en el corral.

Amelia
¿Sí?

Martirio
Muy tarde.

Amelia
¿Y no tuviste miedo?

Martirio
No. Ya lo he oído otras noches.

Amelia
Debíamos tener cuidado. ¿No serían los gañanes?

Martirio
Los gañanes llegan a las seis.

Amelia
Quizá una mulilla sin desbravar.

Martirio *(Entre dientes y llena de segunda intención.)*
Eso, ¡eso!, una mulilla sin desbravar.

Amelia
¡Hay que prevenir!

MARTIRIO
 ¡No, no! No digas nada. Puede ser un volunto mío.

AMELIA
 Quizá.

 (Pausa. Amelia inicia el mutis.)

MARTIRIO
 Amelia.

AMELIA *(En la puerta.)*
 ¿Qué?

 (Pausa.)

MARTIRIO
 Nada.

 (Pausa.)

AMELIA
 ¿Por qué me llamaste?

 (Pausa.)

MARTIRIO
 Se me escapó. Fue sin darme cuenta.

 (Pausa.)

AMELIA
 Acuéstate un poco.

ANGUSTIAS *(Entrando furiosa en escena, de modo que
 haya un gran contraste con los silencios anteriores.)*

¿Dónde está el retrato de Pepe que tenía yo debajo de mi almohada? ¿Quién de vosotras lo tiene?

MARTIRIO
Ninguna.

AMELIA
Ni que Pepe fuera un San Bartolomé de plata.

(Entran Poncia, Magdalena y Adela.)

ANGUSTIAS
¿Dónde está el retrato?

ADELA
¿Qué retrato?

ANGUSTIAS
Una de vosotras me lo ha escondido.

MAGDALENA
¿Tienes la desvergüenza de decir esto?

ANGUSTIAS
Estaba en mi cuarto y no está.

MARTIRIO
¿Y no se habrá escapado a medianoche al corral? A Pepe le gusta andar con la luna.

ANGUSTIAS
¡No me gastes bromas! Cuando venga se lo contaré.

PONCIA
¡Eso, no! ¡Porque aparecerá! *(Mirando a Adela.)*

ANGUSTIAS
¡Me gustaría saber cuál de vosotras lo tiene!

ADELA *(Mirando a Martirio.)*
¡Alguna! ¡Todas, menos yo!

MARTIRIO *(Con intención.)*
¡Desde luego!

BERNARDA *(Entrando con su bastón.)*
¡Qué escándalo es éste en mi casa y con el silencio del peso del calor! Estarán las vecinas con el oído pegado a los tabiques.

ANGUSTIAS
Me han quitado el retrato de mi novio.

BERNARDA *(Fiera.)*
¿Quién? ¿Quién?

ANGUSTIAS
¡Estas!

BERNARDA
¿Cuál de vosotras? *(Silencio.)* ¡Contestarme! *(Silencio. A Poncia.)* Registra los cuartos, mira por las camas. Esto tiene no ataros más cortas. ¡Pero me vais a soñar! *(A Angustias.)* ¿Estás segura?

ANGUSTIAS
Sí.

BERNARDA
¿Lo has buscado bien?

ANGUSTIAS
Sí, madre.

(Todas están de pie en medio de un embarazoso silencio.)

BERNARDA
Me hacéis al final de mi vida beber el veneno más amargo que una madre puede resistir. *(A Poncia.)* ¿No lo encuentras?

(Sale Poncia.)

PONCIA
Aquí está.

BERNARDA
¿Dónde lo has encontrado?

PONCIA
Estaba...

BERNARDA
Dilo sin temor.

PONCIA *(Extrañada.)*
Entre las sábanas de la cama de Martirio.

BERNARDA *(A Martirio.)*
¿Es verdad?

MARTIRIO
¡Es verdad!

BERNARDA *(Avanzando y golpeándola con el bastón.)*
¡Mala puñalada te den, mosca muerta! ¡Sembradura de vidrios!

MARTIRIO *(Fiera.)*
¡No me pegue usted, madre!

BERNARDA
¡Todo lo que quiera!

MARTIRIO
¡Si yo la dejo! ¿Lo oye? ¡Retírese usted!

PONCIA
No faltes a tu madre.

ANGUSTIAS *(Cogiendo a Bernarda.)*
Déjela. ¡Por favor!

BERNARDA
Ni lágrimas te quedan en esos ojos.

MARTIRIO
No voy a llorar para darle gusto.

BERNARDA
¿Por qué has cogido el retrato?

MARTIRIO
¿Es que yo no puedo gastar una broma a mi hermana? ¡Para qué otra cosa lo iba a querer!

ADELA *(Saltando llena de celos.)*
No ha sido broma, que tú no has gustado jamás de juegos. Ha sido otra cosa que te reventaba en el pecho por querer salir. Dilo ya claramente.

MARTIRIO
¡Calla y no me hagas hablar, que si hablo se van [a] juntar las paredes unas con otras de vergüenza!

109

ADELA

¡La mala lengua no tiene fin para inventar!

BERNARDA

¡Adela!

MAGDALENA

Estáis locas.

AMELIA

Y nos apedreáis con malos pensamientos.

MARTIRIO

Otras hacen cosas más malas.

ADELA

Hasta que se pongan en cueros de una vez y se las lleve el río.

BERNARDA

¡Perversa!

ANGUSTIAS

Yo no tengo la culpa de que Pepe el Romano se haya fijado en mí.

ADELA

¡Por tus dineros!

ANGUSTIAS

¡Madre!

BERNARDA

¡Silencio!

MARTIRIO

Por tus marjales y tus arboledas.

MAGDALENA
¡Eso es lo justo!

BERNARDA
¡Silencio digo! Yo veía la tormenta venir, pero no creía que estallara tan pronto. ¡Ay, qué pedrisco de odio habéis echado sobre mi corazón! Pero todavía no soy anciana y tengo cinco cadenas para vosotras y esta casa levantada por mi padre para que ni las hierbas se enteren de mi desolación. ¡Fuera de aquí! *(Salen. Bernarda se sienta desolada. Poncia está de pie arrimada a los muros. Bernarda reacciona, da un golpe en el suelo y dice.):* ¡Tendré que sentarles la mano! Bernarda, ¡acuérdate que ésta es tu obligación!

PONCIA
¿Puedo hablar?

BERNARDA
Habla. Siento que hayas oído. Nunca está bien una extraña en el centro de la familia.

PONCIA
Lo visto, visto está.

BERNARDA
Angustias tiene que casarse en seguida.

PONCIA
Claro, hay que retirarla de aquí.

BERNARDA
No a ella. ¡A él!

PONCIA
Claro, ¡a él hay que alejarlo de aquí! Piensas bien.

111

BERNARDA

No pienso. Hay cosas que no se pueden ni se deben pensar. Yo ordeno.

PONCIA

¿Y tú crees que él querrá marcharse?

BERNARDA *(Levantándose.)*

¿Qué imagina tu cabeza?

PONCIA

El, claro, ¡se casará con Angustias!

BERNARDA

Habla. Te conozco demasiado para saber que ya me tienes preparada la cuchilla.

PONCIA

Nunca pensé que se llamara asesinato al aviso.

BERNARDA

¿Me tienes que prevenir algo?

PONCIA

Yo no acuso, Bernarda. Yo sólo te digo: abre los ojos y verás.

BERNARDA

¿Y verás qué?

PONCIA

Siempre has sido lista. Has visto lo malo de las gentes a cien leguas. Muchas veces creí que adivinabas los pensamientos. Pero los hijos son los hijos. Ahora estás ciega.

BERNARDA
¿Te refieres a Martirio?

PONCIA
Bueno, a Martirio... *(Con curiosidad.)* ¿Por qué habrá escondido el retrato?

BERNARDA *(Queriendo ocultar a su hija.)*
Después de todo ella dice que ha sido una broma.
¿Qué otra cosa puede ser?

PONCIA *(Con sorna.)*
¿Tú lo crees así?

BERNARDA *(Enérgica.)*
No lo creo. ¡Es así!

PONCIA
Basta. Se trata de lo tuyo. Pero si fuera la vecina de enfrente, ¿qué sería?

BERNARDA
Ya empiezas a sacar la punta del cuchillo.

PONCIA *(Siempre con crueldad.)*
No, Bernarda: aquí pasa una cosa muy grande. Yo no te quiero echar la culpa, pero tú no has dejado a tus hijas libres. Martirio es enamoradiza, digas tú lo que quieras. ¿Por qué no la dejaste casar con Enrique Humanes? ¿Por qué el mismo día que iba a venir a la ventana le mandaste recado que no viniera?

BERNARDA *(Fuerte.)*
¡Y lo haría mil veces. Mi sangre no se junta con

113

la de los Humanes mientras yo viva! Su padre fue
gañán.

PONCIA

¡Y así te va a ti con esos humos!

BERNARDA

Los tengo porque puedo tenerlos. Y tú no los tienes
porque sabes muy bien cuál es tu origen.

PONCIA *(Con odio.)*

¡No me lo recuerdes! Estoy ya vieja. Siempre agradecí tu protección.

BERNARDA *(Crecida.)*

¡No lo parece!

PONCIA *(Con odio envuelto en suavidad.)*

A Martirio se le olvidará esto.

BERNARDA

Y si no lo olvida peor para ella. No creo que ésta
sea la «cosa muy grande» que aquí pasa. Aquí no
pasa nada. ¡Eso quisieras tú! Y si pasara algún día
estáte segura que no traspasaría las paredes.

PONCIA

¡Eso no lo sé yo! En el pueblo hay gentes que leen
también de lejos los pensamientos escondidos.

BERNARDA

¡Cómo gozarías de vernos a mí y a mis hijas camino del lupanar!

PONCIA

¡Nadie puede conocer su fin!

BERNARDA

¡Yo sí sé mi fin! ¡Y el de mis hijas! El lupanar se queda para alguna mujer ya difunta...

PONCIA *(Fiera.)*

¡Bernarda, respeta la memoria de mi madre!

BERNARDA

¡No me persigas tú con tus malos pensamientos!

(Pausa.)

PONCIA

Mejor será que no me meta en nada.

BERNARDA

Es lo que debías hacer. Obrar y callar a todo es la obligación de los que viven a sueldo.

PONCIA

Pero no se puede. ¿A ti no te parece que Pepe estaría mejor casado con Martirio o... ¡sí!, o con Adela?

BERNARDA

No me parece.

PONCIA *(Con intención.)*

Adela. ¡Esa es la verdadera novia del Romano!

BERNARDA

Las cosas no son nunca a gusto nuestro.

PONCIA

Pero les cuesta mucho trabajo desviarse de la verdadera inclinación. A mí me parece mal que Pepe esté con Angustias, y a las gentes, y hasta al aire. ¡Quién sabe si se saldrán con la suya!

BERNARDA

¡Ya estamos otra vez!... Te deslizas para llenarme de malos sueños. Y no quiero entenderte, porque si llegara al alcance de todo lo que dices te tendría que arañar.

PONCIA

¡No llegará la sangre al río!

BERNARDA

¡Afortunamente mis hijas me respetan y jamás torcieron mi voluntad!

PONCIA

¡Eso sí! Pero en cuanto las dejes sueltas se te subirán al tejado.

BERNARDA

¡Ya las bajaré tirándoles cantos!

PONCIA

¡Desde luego eres la más valiente!

BERNARDA

¡Siempre gasté sabrosa pimienta!

PONCIA

¡Pero lo que son las cosas! A su edad, ¡hay que ver el entusiasmo de Angustias con su novio! ¡Y él también parece muy picado! Ayer me contó mi hijo mayor que a las cuatro y media de la madrugada, que pasó por la calle con la yunta, estaban hablando todavía.

BERNARDA
¡A las cuatro y media!

ANGUSTIAS *(Saliendo.)*
¡Mentira!

PONCIA
Eso me contaron.

BERNARDA *(A Angustias.)*
¡Habla!

ANGUSTIAS
Pepe lleva más de una semana marchándose a la una.
Que Dios me mate si miento.

MARTIRIO *(Saliendo.)*
Yo también lo sentí marcharse a las cuatro.

BERNARDA
¿Pero lo viste con tus ojos?

MARTIRIO
No quise asomarme. ¿No habláis ahora por la ventana del callejón?

ANGUSTIAS
Yo hablo por la ventana de mi dormitorio.

(Aparece Adela en la puerta.)

MARTIRIO
Entonces...

BERNARDA
¿Qué es lo que pasa aquí?

PONCIA

¡Cuida de enterarte! Pero, desde luego, Pepe estaba a las cuatro de la madrugada en una reja de tu casa.

BERNARDA

¿Lo sabes seguro?

PONCIA

Seguro no se sabe nada en esta vida.

ADELA

Madre, no oiga usted a quien nos quiere perder a todas.

BERNARDA

¡Ya sabré enterarme! Si las gentes del pueblo quieren levantar falsos testimonios se encontrarán con mi pedernal. No se hable de este asunto. Hay a veces una ola de fango que levantan los demás para perdernos.

MARTIRIO

A mí no me gusta mentir.

PONCIA

Y algo habrá.

BERNARDA

No habrá nada. Nací para tener los ojos abiertos. Ahora vigilaré sin cerrarlos ya hasta que me muera.

ANGUSTIAS

Yo tengo derecho de enterarme.

BERNARDA

Tú no tienes derecho más que a obedecer. Nadie me traiga ni me lleve. *(A Poncia.)* Y tú te metes en los asuntos de tu casa. ¡Aquí no se vuelve a dar un paso que yo no sienta!

CRIADA *(Entrando.)*
¡En lo alto de la calle hay un gran gentío y todos los vecinos están en sus puertas!

BERNARDA *(A Poncia.)*
¡Corre a enterarte de lo que pasa! *(Las mujeres corren para salir.)* ¿Dónde vais? Siempre os supe mujeres ventaneras y rompedoras de su luto. ¡Vosotras al patio!

(Salen y sale Bernarda. Se oyen rumores lejanos. Entran Martirio y Adela, que se quedan escuchando y sin atreverse a dar un paso más de la puerta de salida.)

MARTIRIO
Agradece a la casualidad que no desaté mi lengua.

ADELA
También hubiera hablado yo.

MARTIRIO
¿Y qué ibas a decir? ¡Querer no es hacer!

ADELA
Hace la que puede y la que se adelanta. Tú querías, pero no has podido.

MARTIRIO
No seguirás mucho tiempo.

ADELA
¡Lo tendré todo!

MARTIRIO
  Yo romperé tus abrazos.

ADELA *(Suplicante.)*
  ¡Martirio, déjame!

MARTIRIO
  ¡De ninguna!

ADELA
  ¡El me quiere para su casa!

MARTIRIO
  ¡He visto cómo te abrazaba!

ADELA
  Yo no quería. He ido como arrastrada por una maroma.

MARTIRIO
  ¡Primero muerta!

  (Se asoman Magdalena y Angustias. Se siente crecer el tumulto.)

PONCIA *(Entrando con Bernarda.)*
  ¡Bernarda!

BERNARDA
  ¿Qué ocurre?

PONCIA
  La hija de la Librada, la soltera, tuvo un hijo no se sabe con quién.

ADELA
  ¿Un hijo?

PONCIA

Y para ocultar su vergüenza lo mató y lo metió debajo de unas piedras; pero unos perros, con más corazón que muchas criaturas, lo sacaron y como llevados por la mano de Dios lo han puesto en el tranco de su puerta. Ahora la quieren matar. La traen arrastrando por la calle abajo, y por las trochas y los terrenos del olivar vienen los hombres corriendo, dando unas voces que estremecen los campos.

BERNARDA

Sí, que vengan todos con varas de olivo y mangos de azadones, que vengan todos para matarla.

ADELA

¡No, no, para matarla no!

MARTIRIO

Sí, y vamos a salir también nosotras.

BERNARDA

Y que pague la que pisotea su decencia.

(Fuera se oye un grito de mujer y un gran rumor.)

ADELA

¡Que la dejen escapar! ¡No salgáis vosotras!

MARTIRIO *(Mirando a Adela.)*
¡Que pague lo que debe!

BERNARDA *(Bajo el arco.)*
¡Acabar con ella antes que lleguen los guardias! ¡Carbón ardiendo en el sitio de su pecado!

121

ADELA *(Cogiéndose el vientre.)*
¡No! ¡No!

BERNARDA
¡Matadla! ¡Matadla!

TELON

ACTO TERCERO

Cuatro paredes blancas ligeramente azuladas del patio interior de la casa de Bernarda. Es de noche. El decorado ha de ser de una perfecta simplicidad. Las puertas, iluminadas por la luz de los interiores, dan un tenue fulgor a la escena.

En el centro, una mesa con un quinqué, donde están comiendo Bernarda y sus hijas. La Poncia las sirve. Prudencia está sentada aparte.

(Al levantarse el telón hay un gran silencio, interrumpido por el ruido de platos y cubiertos.)

PRUDENCIA

Ya me voy. Os he hecho una visita larga. *(Se levanta.)*

BERNARDA

Espérate, mujer. No nos vemos nunca.

PRUDENCIA
¿Han dado el último toque para el rosario?

PONCIA
Todavía no.

(Prudencia se sienta.)

BERNARDA
¿Y tu marido cómo sigue?

PRUDENCIA
Igual.

BERNARDA
Tampoco lo vemos.

PRUDENCIA
Ya sabes sus costumbres. Desde que se peleó con sus hermanos por la herencia no ha salido por la puerta de la calle. Pone una escalera y salta las tapias del corral.

BERNARDA
Es un verdadero hombre. ¿Y con tu hija?…

PRUDENCIA
No la ha perdonado.

BERNARDA
Hace bien.

PRUDENCIA
No sé qué te diga. Yo sufro por esto.

BERNARDA

Una hija que desobedece deja de ser hija para convertirse en enemiga.

PRUDENCIA

Yo dejo que el agua corra. No me queda más consuelo que refugiarme en la iglesia, pero como estoy quedando sin vista tendré que dejar de venir para que no jueguen con una los chiquillos. *(Se oye un gran golpe, como dado en los muros.)* ¿Qué es eso?

BERNARDA

El caballo garañón, que está encerrado y da coces contra el muro. *(A voces.)* ¡Trabadlo y que salga al corral! *(En voz baja.)* Debe tener calor.

PRUDENCIA

¿Vais a echarle las potras nuevas?

BERNARDA

Al amanecer.

PRUDENCIA

Has sabido acrecentar tu ganado.

BERNARDA

A fuerza de dinero y sinsabores.

PONCIA *(Interviniendo.)*

¡Pero tiene la mejor manada de estos contornos! Es una lástima que esté bajo de precio.

BERNARDA

¿Quieres un poco de queso y miel?

PRUDENCIA
Estoy desganada.

(Se oye otra vez el golpe.)

PONCIA
¡Por Dios!

PRUDENCIA
¡Me ha retemblado dentro del pecho!

BERNARDA *(Levantándose furiosa.)*
¿Hay que decir las cosas dos veces? ¡Echadlo que se revuelque en los montones de paja! *(Pausa, y como hablando con los gañanes.)* Pues encerrad las potras en la cuadra, pero dejadlo libre, no sea que nos eche abajo las paredes. *(Se dirige a la mesa y se sienta otra vez.)* ¡Ay, qué vida!

PRUDENCIA
Bregando como un hombre.

BERNARDA
Así es. *(Adela se levanta de la mesa.)* ¿Dónde vas?

ADELA
A beber agua.

BERNARDA *(En alta voz.)*
Trae un jarro de agua fresca. *(A Adela.)* Puedes sentarte.

(Adela se sienta.)

PRUDENCIA
Y Angustias, ¿cuándo se casa?

126

BERNARDA
Vienen a pedirla dentro de tres días.

PRUDENCIA
¡Estarás contenta!

ANGUSTIAS
¡Claro!

AMELIA *(A Magdalena.)*
¡Ya has derramado la sal!

MAGDALENA
Peor suerte que tienes no vas a tener.

AMELIA
Siempre trae mala sombra.

BERNARDA
¡Vamos!

PRUDENCIA *(A Angustias.)*
¿Te ha regalado ya el anillo?

ANGUSTIAS
Mírelo usted. *(Se lo alarga.)*

PRUDENCIA
Es precioso. Tres perlas. En mi tiempo las perlas significaban lágrimas.

ANGUSTIAS
Pero ya las cosas han cambiado.

ADELA
Yo creo que no. Las cosas significan siempre lo mismo. Los anillos de pedida deben ser de diamantes.

PRUDENCIA
Es más propio.

BERNARDA
Con perlas o sin ellas las cosas son como una se las
propone.

MARTIRIO
O como Dios dispone.

PRUDENCIA
Los muebles me han dicho que son preciosos.

BERNARDA
Dieciséis mil reales he gastado.

PONCIA *(Interviniendo.)*
Lo mejor es el armario de luna.

PRUDENCIA
Nunca vi un mueble de éstos.

BERNARDA
Nosotras tuvimos arca.

PRUDENCIA
Lo preciso es que todo sea para bien.

ADELA
Que nunca se sabe.

BERNARDA
No hay motivo para que no lo sea.

(Se oyen lejanísimas unas campanas.)

PRUDENCIA

El último toque. *(A Angustias.)* Ya vendré a que me enseñes la ropa.

ANGUSTIAS

Cuando usted quiera.

PRUDENCIA

Buenas noches nos dé Dios.

BERNARDA

Adiós, Prudencia.

LAS CINCO *(A la vez.)*

Vaya usted con Dios.

(Pausa. Sale Prudencia.)

BERNARDA

Ya hemos comido.

(Se levantan.)

ADELA

Voy a llegarme hasta el portón para estirar las piernas y tomar un poco el fresco.

(Magdalena se sienta en una silla baja retrepada contra la pared.)

AMELIA

Yo voy contigo.

MARTIRIO

Y yo.

ADELA *(Con odio contenido.)*
No me voy a perder.

AMELIA
La noche quiere compaña.

*(Salen. Bernarda se sienta y Angustias está arreglan-
do la mesa.)*

BERNARDA
Ya te he dicho que quiero que hables con tu hermana Martirio. Lo que pasó del retrato fue una broma
y lo debes olvidar.

ANGUSTIAS
Usted sabe que ella no me quiere.

BERNARDA
Cada uno sabe lo que piensa por dentro. Yo no me
meto en los corazones, pero quiero buena fachada
y armonía familiar. ¿Lo entiendes?

ANGUSTIAS
Sí.

BERNARDA
Pues ya está.

MAGDALENA *(Casi dormida.)*
Además, ¡si te vas a ir antes de nada! *(Se duerme.)*

ANGUSTIAS
Tarde me parece.

BERNARDA
¿A qué hora terminaste anoche de hablar?

ANGUSTIAS

A las doce y media.

BERNARDA

¿Qué cuenta Pepe?

ANGUSTIAS

Yo lo encuentro distraído. Me habla siempre como pensando en otra cosa. Si le pregunto qué le pasa, me contesta: «Los hombres tenemos nuestras preocupaciones.»

BERNARDA

No le debes preguntar. Y cuando te cases, menos. Habla si él habla y míralo cuando te mire. Así no tendrás disgustos.

ANGUSTIAS

Yo creo, madre, que él me oculta muchas cosas.

BERNARDA

No procures descubrirlas, no le preguntes y, desde luego, que no te vea llorar jamás.

ANGUSTIAS

Debía estar contenta y no lo estoy.

BERNARDA

Eso es lo mismo.

ANGUSTIAS

Muchas veces miro a Pepe con mucha fijeza y se me borra a través de los hierros, como si lo tapara una nube de polvo de las que levantan los rebaños.

BERNARDA

Eso son cosas de debilidad.

ANGUSTIAS
¡Ojalá!

BERNARDA
¿Viene esta noche?

ANGUSTIAS
No. Fue con su madre a la capital.

BERNARDA
Así nos acostaremos antes. ¡Magdalena!

ANGUSTIAS
Está dormida.

(Entran Adela, Martirio y Amelia.)

AMELIA
¡Qué noche más oscura!

ADELA
No se ve a dos pasos de distancia.

MARTIRIO
Una buena noche para ladrones, para el que nece-
site escondrijo.

ADELA
El caballo garañón estaba en el centro del corral.
¡Blanco! Doble de grande, llenando todo lo oscuro.

AMELIA
Es verdad. Daba miedo. ¡Parecía una aparición!

ADELA
Tiene el cielo unas estrellas como puños.

MARTIRIO

Esta se puso a mirarlas de modo que se iba a tronchar el cuello.

ADELA

¿Es que no te gustan a ti?

MARTIRIO

A mí las cosas de tejas arriba no me importan nada. Con lo que pasa dentro de las habitaciones tengo bastante.

ADELA

Así te va a ti.

BERNARDA

A ella le va en lo suyo como a ti en lo tuyo.

ANGUSTIAS

Buenas noches.

ADELA

¿Ya te acuestas?

ANGUSTIAS

Sí, esta noche no viene Pepe. *(Sale.)*

ADELA

Madre, ¿por qué cuando se corre una estrella o luce un relámpago se dice:

Santa Bárbara bendita,
que en el cielo estás escrita
con papel y agua bendita?

BERNARDA

Los antiguos sabían muchas cosas que hemos olvidado.

AMELIA

Yo cierro los ojos para no verlas.

ADELA

Yo no. A mí me gusta ver correr lleno de lumbre lo que está quieto y quieto años enteros.

MARTIRIO

Pero estas cosas nada tienen que ver con nosotros.

BERNARDA

Y es mejor no pensar en ellas.

ADELA

¡Qué noche más hermosa! Me gustaría quedarme hasta muy tarde para disfrutar el fresco del campo.

BERNARDA

Pero hay que acostarse. ¡Magdalena!

AMELIA

Está en el primer sueño.

BERNARDA

¡Magdalena!

MAGDALENA *(Disgustada.)*

¡Dejarme en paz!

BERNARDA

¡A la cama!

MAGDALENA *(Levantándose malhumorada.)*
¡No la dejáis a una tranquila! *(Se va refunfuñando.)*

AMELIA
Buenas noches. *(Se va.)*

BERNARDA
Andar vosotras también.

MARTIRIO
¿Cómo es que esta noche no viene el novio de Angustias?

BERNARDA
Fue de viaje.

MARTIRIO *(Mirando a Adela.)*
¡Ah!

ADELA
Hasta mañana. *(Sale.)*

(Martirio bebe agua y sale lentamente mirando hacia la puerta del corral. Sale la Poncia.)

[PONCIA]
¿Estás todavía aquí?

BERNARDA
Disfrutando este silencio y sin lograr ver por parte alguna «la cosa tan grande» que aquí pasa, según tú.

PONCIA
Bernarda, dejemos esa conversación.

BERNARDA

En esta casa no hay un sí ni un no. Mi vigilancia lo puede todo.

PONCIA

No pasa nada por fuera. Eso es verdad. Tus hijas están y viven como metidas en alacenas. Pero ni tú ni nadie puede vigilar por el interior de los pechos.

BERNARDA

Mis hijas tienen la respiración tranquila.

PONCIA

Eso te importa a ti que eres su madre. A mí, con servir tu casa tengo bastante.

BERNARDA

Ahora te has vuelto callada.

PONCIA

Me estoy en mi sitio y en paz.

BERNARDA

Lo que pasa es que no tienes nada que decir. Si en esta casa hubiera hierbas, ya te encargarías de traer a pastar las ovejas del vecindario.

PONCIA

Yo tapo más de lo que te figuras.

BERNARDA

¿Sigue tu hijo viendo a Pepe a las cuatro de la mañana? ¿Siguen diciendo todavía la mala letanía de esta casa?

PONCIA

No dicen nada.

BERNARDA
Porque no pueden. Porque no hay carne donde morder. ¡A la vigilia de mis ojos se debe esto!

PONCIA
Bernarda, yo no quiero hablar porque temo tus intenciones. Pero no estés segura.

BERNARDA
¡Segurísima!

PONCIA
¡A lo mejor de pronto cae un rayo! A lo mejor, de pronto, un golpe de sangre te para el corazón.

BERNARDA
Aquí no pasará nada. Ya estoy alerta contra tus suposiciones.

PONCIA
Pues mejor para ti.

BERNARDA
¡No faltaba más!

CRIADA *(Entrando.)*
Ya terminé de fregar los platos. ¿Manda usted algo, Bernarda?

BERNARDA *(Levantándose.)*
Nada. Yo voy a descansar.

PONCIA
¿A qué hora quiere que la llame?

BERNARDA
A ninguna. Esta noche voy a dormir bien. *(Se va.)*

PONCIA

Cuando una no puede con el mar lo más fácil es
volver las espaldas para no verlo.

CRIADA

Es tan orgullosa que ella misma se pone una venda
en los ojos.

PONCIA

Yo no puedo hacer nada. Quise atajar las cosas,
pero ya me asustan demasiado. ¿Tú ves este silencio? Pues hay una tormenta en cada cuarto. El día
que estallen nos barrerán a todas. Yo he dicho lo
que tenía que decir.

CRIADA

Bernarda cree que nadie puede con ella y no sabe
la fuerza que tiene un hombre entre mujeres solas.

PONCIA

No es toda la culpa de Pepe el Romano. Es verdad
que el año pasado anduvo detrás de Adela, y ésta
estaba loca por él, pero ella debió estarse en su sitio y no provocarlo. Un hombre es un hombre.

CRIADA

Hay quien cree que habló muchas noches con Adela.

PONCIA

Es verdad. *(En voz baja.)* Y otras cosas.

CRIADA

No sé lo que va a pasar aquí.

PONCIA

A mí me gustaría cruzar el mar y dejar esta casa de
guerra.

CRIADA

Bernarda está aligerando la boda y es posible que
nada pase.

PONCIA

Las cosas se han puesto ya demasiado maduras. Adela está decidida a lo que sea, y las demás vigilan sin
descanso.

CRIADA

¿Y Martirio también?...

PONCIA

Esa es la peor. Es un pozo de veneno. Ve que el
Romano no es para ella y hundiría el mundo si estuviera en su mano.

CRIADA

¡Es que son malas!

PONCIA

Son mujeres sin hombre, nada más. En estas cues-
tiones se olvida hasta la sangre. ¡Chisssssss! *(Es-
cucha.)*

CRIADA

¿Qué pasa?

PONCIA *(Se levanta.)*

Están ladrando los perros.

CRIADA
Debe haber pasado alguien por el portón.

(Sale Adela en enaguas blancas y corpiño.)

PONCIA
¿No te habías acostado?

ADELA
Voy a beber agua. *(Bebe en un vaso de la mesa.)*

PONCIA
Yo te suponía dormida.

ADELA
Me despertó la sed. ¿Y vosotras no descansáis?

CRIADA
Ahora.

(Sale Adela.)

PONCIA
Vámonos.

CRIADA
Ganado tenemos el sueño. Bernarda no me deja descanso en todo el día.

PONCIA
Llévate la luz.

CRIADA
Los perros están como locos.

PONCIA
No nos van a dejar dormir.

(Salen. La escena queda casi a oscuras. Sale María Josefa con una oveja en los brazos.)

María Josefa

Ovejita, niño mío,
vámonos a la orilla del mar.
La hormiguita estará en su puerta,
yo te daré la teta y el pan.

Bernarda, cara de leoparda.
Magdalena, cara de hiena.
Ovejita.
Meee, meee.
Vamos a los ramos del portal de Belén.

(Ríe.)

Ni tú ni yo queremos dormir.
La puerta sola se abrirá
y en la playa nos meteremos
en una choza de coral.

Bernarda, cara de leoparda.
Magdalena, cara de hiena.
Ovejita.
Meee, meee.
¡Vamos a los ramos del portal de Belén!

(Se va cantando. Entra Adela. Mira a un lado y otro con sigilo, y desaparece por la puerta del corral. Sale Martirio por otra puerta y queda en angustioso acecho en el centro de la escena. También va en enaguas. Se cubre con pequeño mantón negro de talle. Sale por enfrente de ella María Josefa.)

141

MARTIRIO

¿Abuela, dónde va usted?

MARÍA JOSEFA

¿Vas a abrirme la puerta? ¿Quién eres tú?

MARTIRIO

¿Cómo está aquí?

MARÍA JOSEFA

Me escapé. ¿Tú quién eres?

MARTIRIO

Vaya a acostarse.

MARÍA JOSEFA

Tú eres Martirio, ya te veo. Martirio: cara de martirio. ¿Y cuándo vas a tener un niño? Yo he tenid
éste.

MARTIRIO

¿Dónde cogió esa oveja?

MARÍA JOSEFA

Ya sé que es una oveja. Pero, ¿por qué una ovej
no va a ser un niño? Mejor es tener una oveja qu
no tener nada. Bernarda, cara de leoparda. Magda
lena, cara de hiena.

MARTIRIO

No dé voces.

MARÍA JOSEFA

Es verdad. Está todo muy oscuro. Como tengo el pel
blanco crees que no puedo tener crías, y sí: cría
y crías y crías. Este niño tendrá el pelo blanco

tendrá otro niño, y éste otro, y todos con el pelo de nieve seremos como las olas: una y otra y otra. Luego nos sentaremos todos, y todos tendremos el cabello blanco y seremos espuma. ¿Por qué aquí no hay espuma? Aquí no hay más que mantos de luto.

MARTIRIO
Calle, calle.

MARÍA JOSEFA
Cuando mi vecina tenía un niño yo le llevaba chocolate y luego ella me lo traía a mí, y así siempre, siempre, siempre. Tú tendrás el pelo blanco, pero no vendrán las vecinas. Yo tengo que marcharme, pero tengo miedo de [que] los perros me muerdan. ¿Me acompañarás tú a salir del campo? Yo no quiero campo. Yo quiero casas, pero casas abiertas, y las vecinas acostadas en sus camas con sus niños chiquitos, y los hombres fuera, sentados en sus sillas. Pepe el Romano es un gigante. Todas lo queréis. Pero él os va a devorar, porque vosotras sois granos de trigo. No granos de trigo, no. ¡Ranas sin lengua!

MARTIRIO *(Enérgica.)*
Vamos, váyase a la cama. *(La empuja.)*

MARÍA JOSEFA
Sí, pero luego tú me abrirás, ¿verdad?

MARTIRIO
De seguro.

MARÍA JOSEFA *(Llorando.)*

    Ovejita, niño mío,
    vámonos a la orilla del mar.

La hormiguita estará en su puerta,
yo te daré la teta y el pan.

(Sale. Martirio cierra la puerta por donde ha salido María Josefa y se dirige a la puerta del corral. Allí vacila, pero avanza dos pasos más.)

MARTIRIO *(En voz baja.)*
Adela. *(Pausa. Avanza hasta la misma puerta. En voz alta.)* ¡Adela!

(Aparece Adela. Viene un poco despeinada.)

ADELA
¿Por qué me buscas?

MARTIRIO
¡Deja a ese hombre!

ADELA
¿Quién eres tú para decírmelo?

MARTIRIO
No es ése el sitio de una mujer honrada.

ADELA
¡Con qué ganas te has quedado de ocuparlo!

MARTIRIO *(En voz alta.)*
Ha llegado el momento de que yo hable. Esto no puede seguir.

ADELA
Esto no es más que el comienzo. He tenido fuerza para adelantarme. El brío y el mérito que tú no tienes. He visto la muerte debajo de estos techos y he salido a buscar lo que era mío, lo que me pertenecía.

MARTIRIO

Ese hombre sin alma vino por otra. Tú te has atravesado.

ADELA

Vino por el dinero, pero sus ojos los puso siempre en mí.

MARTIRIO

Yo no permitiré que lo arrebates. El se casará con Angustias.

ADELA

Sabes mejor que yo que no la quiere.

MARTIRIO

Lo sé.

ADELA

Sabes (porque lo has visto) que me quiere a mí.

MARTIRIO *(Desesperada.)*

Sí.

ADELA *(Acercándose.)*

Me quiere a mí, me quiere a mí.

MARTIRIO

Clávame un cuchillo si es tu gusto, pero no me lo digas más.

ADELA

Por eso procuras que no vaya con él. No te importa que abrace a la que no quiere. A mí tampoco. Ya puede estar cien años con Angustias. Pero que me abrace a mí se te hace terrible, porque tú lo quieres también, ¡lo quieres!

MARTIRIO *(Dramática.)*

¡Sí! Déjame decirlo con la cabeza fuera de los embozos. ¡Sí! Déjame que el pecho se me rompa como una granada de amargura. ¡Lo quiero!

ADELA *(En un arranque, y abrazándola.)*

Martirio, Martirio, yo no tengo la culpa.

MARTIRIO

¡No me abraces! No quieras ablandar mis ojos. Mi sangre ya no es la tuya, y aunque quisiera verte como hermana no te miro ya más que como mujer. *(La rechaza.)*

ADELA

Aquí no hay ningún remedio. La que tenga que ahogarse que se ahogue. Pepe el Romano es mío. El me lleva a los juncos de la orilla.

MARTIRIO

¡No será!

ADELA

Ya no aguanto el horror de estos techos después de haber probado el sabor de su boca. Seré lo que él quiera que sea. Todo el pueblo contra mí, quemándome con sus dedos de lumbre, perseguida por los que dicen que son decentes, y me pondré delante de todos la corona de espinas que tienen las que son queridas de algún hombre casado.

MARTIRIO

¡Calla!

ADELA

Sí, sí. *(En voz baja.)* Vamos a dormir, vamos a dejar que se case con Angustias. Ya no me importa. Pero yo me iré a una casita sola donde él me verá cuando quiera, cuando le venga en gana.

MARTIRIO

Eso no pasará mientras yo tenga una gota de sangre en el cuerpo.

ADELA

No a ti, que eres débil: a un caballo encabritado soy capaz de poner de rodillas con la fuerza de mi dedo meñique.

MARTIRIO

No levantes esa voz que me irrita. Tengo el corazón lleno de una fuerza tan mala, que, sin quererlo yo, a mí misma me ahoga.

ADELA

Nos enseñan a querer a las hermanas. Dios me ha debido dejar sola, en medio de la oscuridad, porque te veo como si no te hubiera visto nunca.

(Se oye un silbido y Adela corre a la puerta, pero Martirio se le pone delante.)

MARTIRIO
¿Dónde vas?

ADELA
¡Quítate de la puerta!

MARTIRIO
¡Pasa si puedes!

147

ADELA
¡Aparta! *(Lucha.)*

MARTIRIO *(A voces.)*
¡Madre, madre!

ADELA
¡Déjame!

(Aparece Bernarda. Sale en enaguas con un mantón negro.)

BERNARDA
Quietas, quietas. ¡Qué pobreza la mía, no poder tener un rayo entre los dedos!

MARTIRIO *(Señalando a Adela.)*
¡Estaba con él! ¡Mira esas enaguas llenas de paja de trigo!

BERNARDA
¡Esa es la cama de las mal nacidas! *(Se dirige furiosa hacia Adela.)*

ADELA *(Haciéndole frente.)*
¡Aquí se acabaron las voces de presidio! *(Adela arrebata un bastón a su madre y lo parte en dos.)* Esto hago yo con la vara de la dominadora. No dé usted un paso más. ¡En mí no manda nadie más que Pepe!

(Sale Magdalena.)

MAGDALENA
¡Adela!

(Salen la Poncia y Angustias.)

ADELA

Yo soy su mujer. *(A Angustias.)* Entérate tú y ve al corral a decírselo. El dominará toda esta casa. Ahí fuera está, respirando como si fuera un león.

ANGUSTIAS

¡Dios mío!

BERNARDA

¡La escopeta! ¿Dónde está la escopeta? *(Sale corriendo.)*

(Aparece Amelia por el fondo, que mira aterrada, con la cabeza sobre la pared. Sale detrás Martirio.)

ADELA

¡Nadie podrá conmigo! *(Va a salir.)*

ANGUSTIAS *(Sujetándola.)*

De aquí no sales con tu cuerpo en triunfo, ¡ladrona! ¡deshonra de nuestra casa!

MAGDALENA

¡Déjala que se vaya donde no la veamos nunca más!

(Suena un disparo.)

BERNARDA *(Entrando.)*

Atrévete a buscarlo ahora.

MARTIRIO *(Entrando.)*

Se acabó Pepe el Romano.

ADELA

¡Pepe! ¡Dios mío! ¡Pepe! *(Sale corriendo.)*

PONCIA

¿Pero lo habéis matado?

MARTIRIO

¡No! ¡Salió corriendo en la jaca!

BERNARDA

Fue culpa mía. Una mujer no sabe apuntar.

MAGDALENA

¿Por qué lo has dicho entonces?

MARTIRIO

¡Por ella! Hubiera volcado un río de sangre sobre su cabeza.

PONCIA

Maldita.

MAGDALENA

¡Endemoniada!

BERNARDA

Aunque es mejor así. *(Se [oye] como un golpe.)* ¡Adela! ¡Adela!

PONCIA *(En la puerta.)*

¡Abre!

BERNARDA

Abre. No creas que los muros defienden de la vergüenza.

CRIADA *(Entrando.)*

¡Se han levantado los vecinos!

BERNARDA *(En voz baja, como un rugido.)*
¡Abre, porque echaré abajo la puerta! *(Pausa. Todo queda en silencio.)* ¡Adela! *(Se retira de la puerta.)* ¡Trae un martillo! *(La Poncia da un empujón y entra. Al entrar da un grito y sale.)* ¿Qué?

PONCIA *(Se lleva las manos al cuello.)*
¡Nunca tengamos ese fin!
(Las hermanas se echan hacia atrás. La Criada se santigua. Bernarda da un grito y avanza.)

PONCIA
¡No entres!

BERNARDA
No. ¡Yo no! Pepe: irás corriendo vivo por lo oscuro de las alamedas, pero otro día caerás. ¡Descolgarla! ¡Mi hija ha muerto virgen! Llevadla a su cuarto y vestirla como si fuera doncella. ¡Nadie dirá nada! ¡Ella ha muerto virgen! Avisad que al amanecer den dos clamores las campanas.

MARTIRIO
Dichosa ella mil veces que lo pudo tener.

BERNARDA
Y no quiero llantos. La muerte hay que mirarla cara a cara. ¡Silencio! *(A otra hija.)* ¡A callar he dicho! *(A otra hija.)* Las lágrimas cuando estés sola. ¡Nos hundiremos todas en un mar de luto! Ella, la hija menor de Bernarda Alba, ha muerto virgen. ¿Me habéis oído? Silencio, silencio he dicho. ¡Silencio!

TELON

Día viernes 19 de junio, 1936.

DIALOGOS
DE UN CARICATURISTA SALVAJE [BAGARIA] *

Federico García Lorca habla sobre la riqueza poética y vital mayor de España.—Reivindicación intelectual del toreo.—Las diferencias del canto gitano y del flamenco.— El arte por el arte y el arte por el pueblo.

Empiezo, lector, los diálogos de este salvaje y seguro servidor dialogando con el fuerte y sutil poeta García Lorca.

Que, por el dios Sol, mis rugidos no molesten a los oídos del lector, pues así como los toreros al retirarse se cortan la coleta, yo, cortándome las plumas, sabría retirarme a tiempo.

---

* De esta entrevista se sabe con certeza que Lorca la contestó por escrito. En carta a Adolfo Salazar (primeros de junio, 1936) le pedía: «Me gustaría que si tú pudieras, y sin que lo notara Bagaría, quitaras la pregunta y la respuesta que está en una página suelta escrita a mano, página 7 (bis), porque es un añadido y es una pregunta sobre el fascio y el comunismo que me parece indiscreta en este preciso momento, y además está ya contestada antes. Así es que tú la quitas y como si tal cosa. No conviene que se entere nadie de esto, pues sería fastidioso para mí.» Es claro que el fragmento desapareció.

—Tú que has dado categoría lírica a la calabaza de Gil Robles y has visto el búho de Unamuno y el perro sin amo de Baroja, ¿me quieres decir el sentido que tiene el caracol en el paisaje puro de tu obra?

—*Amigo Federico, me preguntas el porqué de esa predilección por los caracoles de mis dibujos. Pues muy sencillo: para mí el caracol tiene un recuerdo sentimental de mi vida. Una vez, estando dibujando, se acercó mi madre, y al contemplar mis garabatos me dijo: «Hijo mío, me moriré sin poder comprender cómo te puedes ganar la vida haciendo caracoles.» Desde entonces yo a mis dibujos les bauticé así. Aquí tienes saciada la curiosidad.*

Poeta García Lorca, sutil y profundo, pues tu verso tenue y bello, verso con alas de acero bien templado, horada la entraña de la tierra: ¿crees tú, poeta, en el arte por el arte?, o en caso contrario, ¿el arte debe ponerse al servicio de un pueblo para llorar con él cuando llora y reír cuando este pueblo ríe?

—A tu pregunta, grande y tierno Bagaría, tengo que decir que este concepto del arte por el arte es una cosa que sería cruel si no fuera, afortunadamente, cursi. Ningún hombre verdadero cree ya en esta zarandaja del arte puro, arte por el arte mismo.

En este momento dramático del mundo, el artista debe llorar y reír con su pueblo. Hay que dejar el ramo de azucenas y meterse en el fango hasta la cintura para ayudar a los que buscan las azucenas. Particularmente, yo tengo un ansia verdadera por comunicarme con los demás. Por eso llamé a las puertas del teatro y al teatro consagro toda mi sensibilidad.

—*¿Crees tú que al engendrar la poesía se produce un acercamiento hacia un futuro más allá, o al contrario, hace que se alejen más los sueños de la otra vida?*

—Esta pregunta insólita y difícil nace de la aguda preocupación metafísica que llena tu vida y que sólo los que te conocen comprenden. La creación poética es un misterio indescifrable, como el misterio del nacimiento del hombre. Se oyen voces no se sabe dónde, y es inútil preocuparse de dónde vienen. Como no me he preocupado de nacer, no me preocupo de morir. Escucho a la Naturaleza y al hombre con asombro, y copio lo que me enseñan sin pedantería y sin dar a las cosas un sentido que

154

no sé si lo tienen. Ni el poeta ni nadie tienen la clave y el secreto del mundo. Quiero ser bueno. Sé que la poesía eleva y, siendo bueno, con el asno y con el filósofo, creo firmemente que si hay un más allá tendré la agradable sorpresa de encontrarme en él. Pero el dolor del hombre y la injusticia constante que mana del mundo, y mi propio cuerpo y mi propio pensamiento, me evitan trasladar mi casa a las estrellas.

—*¿No crees, poeta, que sólo la felicidad radica en la niebla de una borrachera, borrachera de labios de mujer, de vino, de bello paisaje, y que al ser coleccionista de momentos de intensidad se crean momentos de eternidad, aunque la eternidad no existiera y tuviera que aprender de nosotros?*

—Yo no sé, Bagaría, en qué consiste la felicidad. Si voy a creer el texto que estudié, en el Instituto, del inefable catedrático Ortí y Lara, la felicidad no se puede hallar más que en el cielo; pero si el hombre ha inventado la eternidad, creo que hay en el mundo hechos y cosas que son dignos de ella y, por su belleza y trascendencia, modelos absolutos para un orden permanente. ¿Por qué me preguntas estas cosas? Tú lo que quieres es que nos encontremos en el otro mundo y sigamos nuestra conversación bajo el techo de un prodigioso café de música con alas, risa y eterna cerveza inefable. Bagaría: no temas; ten la seguridad que nos encontraremos.

—*Te extrañarás, poeta, de las preguntas de este caricaturista salvaje. Soy, como sabes, un ser con muchas plumas y pocas creencias, salvaje con dolorida materia; y piensa, poeta, que todo este equipaje trágico del vivir floreció en un verso que balbucieron los labios de mis padres. ¿No crees que tenía más razón Calderón de la Barca cuando decía:*

> *pues el delito mayor
> del hombre es haber nacido,*

que el optimismo de Muñoz Seca?

—Tus preguntas no me extrañan nada. Eres un verdadero poeta que en todo momento pones la llaga en el dedo. Te contesto con verdadera sinceridad, con simpleza, y si no acierto, si balbuceo, sólo es por ignorancia.

Las plumas de tu salvajismo son plumas de ángel y detrás del tambor que lleva el ritmo de tu danza macabra hay una lira rosa de las que pintaron los primitivos italianos. El optimismo es propio de las almas que tienen una sola dimensión; de las que no ven el torrente de lágrimas que nos rodea, producido por cosas que tienen remedio.

—*Sensible y humano poeta Lorca: sigamos hablando de cosas del más allá. Soy repetidor del mismo tema, porque también el tema se repite él mismo. A los creyentes que creen en una futura vida, ¿les puede alegrar encontrarse en un país de almas que no tengan labios carnales para poder besar? ¿No es mejor el silencio de la nada?*

—Bonísimo y atormentado Bagaría: ¿No sabes que la Iglesia habla de la resurrección de la carne como el gran premio a sus fieles? El profeta Isaías lo dice en un versículo tremendo: «Se regocijarán en el Señor los huesos abatidos». Y yo vi en el cementerio de San Martín una lápida en una tumba ya vacía, lápida que colgaba como un diente de vieja del muro destrozado, que decía así: «Aquí espera la resurrección de la carne D.ª Micaela Gómez.» Una idea se expresa y es posible porque tenemos cabeza y mano. Las criaturas no quieren ser sombras.

....

—*¿Tú crees que fue un momento acertado devolver las llaves de tu tierra granadina?*

—Fue un momento malísimo, aunque digan lo contrario en las escuelas. Se perdieron una civilización admirable, una poesía, una astronomía, una arquitectura y una delicadeza únicas en el mundo, para dar paso a una ciudad pobre, acobardada; a una «tierra del chavico» donde se agita actualmente la peor burguesía de España.

—*¿No crees, Federico, que la patria no es nada, que las fronteras están llamadas a desaparecer? ¿Por qué un español malo tiene que ser más hermano nuestro que un chino bueno?*

—Yo soy español integral, y me sería imposible vivir fuera de mis límites geográficos; pero odio al que es español por ser español nada más. Yo soy hermano de todos y execro al hombre que se sacrifica por una idea nacionalista abstracta por el solo hecho de que ama a su patria con una venda en los ojos. El chino bueno está más cerca de mí que el español malo. Canto a España y la siento hasta la médula; pero antes que esto soy hombre del mundo y hermano de todos. Desde luego no creo en la frontera política.

Amigo Bagaría, no siempre los interviuvadores van a preguntar. Creo que también tienen derecho los interviuvados. ¿A qué responde esta ansia, esta sed de más allá que te persigue? ¿Tienes verdaderamente deseos de sobrevivirte? ¿No crees que esto está ya resuelto y que el hombre no puede hacer nada con fe o sin ella?

—*Conformes, desgraciadamente conformes. Y yo soy en el fondo un descreído hambriento de creer. Es tan trágicamente doloroso el desaparecer para siempre. ¡Salud, labios de mujer, vaso del buen vino que supiste hacer olvidar la trágica verdad; paisaje, luz que hiciste olvidar la sombra! En el trágico fin, sólo desearía una perduración: que mi cuerpo fuera enterrado en una huerta; que, por lo menos, mi más allá fuese un más allá de abono.*

—¿Me quieres decir por qué tienen cara de rana todos los políticos que caricaturizas?

—*Porque la mayoría vive en las charcas.*

—¿En qué prado corta Romanones las inefables margaritas de su nariz?

—*Querido poeta: aludes a una de las cosas que llegan más al fondo de mi alma. ¡Nariz de Romanones, excelsa nariz! La de Cyrano era una nariz desaparecida al lado de la nariz de mis amores. Rostand gozó menos que yo con la mía. ¡Oh panneaux para mis visiones decorativas! Mis margaritas se fueron cuando las entregaron en una solitaria estación camino de Fontainebleau.*

—Nunca te habrán preguntado, porque ya no es moda, cuál es tu flor preferida. Como yo ahora he estudiado el lenguaje de las flores te pregunto: ¿Cuál es la flor que prefieres? ¿Te la has puesto alguna vez en la solapa?

—*Querido amigo, ¿es que piensas dar conferencias como García Sanchiz para preguntar esas cosas?*

—¡Dios me libre! No aspiro a tocar mal el violoncelo. ¿A qué responde, querido Bagaría, el sentimiento humano que imprimes a los animales que pintas?

—*Querido Lorca: Según los católicos, los animales no tienen alma; tan sólo algunos animales enchufistas, como el perro de San Roque, el cerdo de San Antón, el gallo de San Pedro y el palomo de la divina carpintería; y yo he mirado de dar humanidad a los animales sin padrinos, dignificarlos con mi lápiz, para que sirvan de contraste con los hombres de animalidad pura. Querido Lorca: te voy a preguntar por las dos cosas que creo tienen más valor en España: el canto gitano y el toreo. Al canto gitano, el único defecto que lo encuentro es que en sus versos sólo se acuerdan de la madre; y al padre, que lo parta un rayo. Y eso me parece una injusticia. Bromas aparte, creo que este canto es el gran valor de nuestra tierra.*

—Muy poca gente conoce el canto gitano, porque lo que se da frecuentemente en los tablados es el llamado flamenco, que es una degeneración de aquél. No cabe en este diálogo decir nada, porque sería demasiado extenso y poco periodístico. En cuanto a lo que tú dices, con gracia, de que los gitanos sólo se acuerdan de su madre, tienes cierta razón, ya que ellos viven un régimen de matriarcado, y los padres no son tales padres, sino que son siempre y viven como hijos de sus madres. De todos modos, hay en la poesía popular gitana admirables poemas dedicados al sentimiento paternal, pero son los menos. El otro gran tema por que me preguntas, el toreo, es probablemente la riqueza poética y vital mayor de España, increíblemente desaprovechada por los escritores y artistas, debido principalmente a una falsa educación pedagógica que nos han dado y que hemos sido los hombres de mi generación los primeros en rechazar. Creo que los toros es la fiesta más culta que hay hoy en el mundo; es el drama puro, en el cual el español derrama sus mejores lágrimas y sus mejores bilis. Es el único sitio adonde se va con la seguridad de ver la muerte rodeada de la más deslumbradora belleza. ¿Qué sería de la primavera española, de nuestra sangre y de nuestra lengua, si dejaran de sonar los clarines dramáticos de la corrida? Por temperamento y por gusto poético, soy un profundo admirador de Belmonte.

—*¿Qué poetas te gustan más de la actualidad española?*

—Hay dos maestros: Antonio Machado y Juan Ramón Jiménez. El primero, en un plano puro de serenidad y perfección poética; poeta humano y celeste, evadido ya de toda lucha, dueño absoluto de su prodigioso mundo interior. El segundo, gran poeta, turbado por una terrible exaltación de su yo, lacerado por la realidad que lo circunda, increíblemente mordido por cosas insignificantes, con los oídos puestos en el mundo, verdaderamente enemigo de su maravillosa y única alma de poeta.

Adiós, Bagaría. Cuando te vuelvas a tus chozas con las flores, las fieras y los torrentes, diles a tus compañeros salvajes que no se fíen de viajes de ida y vuelta reducidos y que no vengan a nuestras ciudades; a las fieras que tú has pintado con ternura franciscàna, que no tengan un momento de locura y se hagan animales domésticos; y a las flores, que no galleen demasiado su hermosura, porque les pondrán esposas y las harán vivir sobre los vientos corrompidos de los muertos.

—*Tienes razón, poeta. Vuelvo a mi selva, a rugir con mis rugidos, más amables que las bellas palabras de los amigos, que a veces son blasfemias en baja voz.*

Bagaría, *El Sol* (Madrid), 10-VI-1936. En Marie Laffranque, *Bulletin Hispanique*, LVI, 3 (1954), pp. 294-300. Pero sigo la versión corregida de Arturo del Hoyo, en *OC*, II, Madrid, Aguilar, 1977, pp. 1082-87.

NOTAS AL TEXTO

- La casa de Bernarda Alba -

Drama ~~dramático~~ de mujeres en los pueblos de España.

Personas

Bernarda . . . . 60 años
~~madre~~ (madre de Bernarda) 80 años
Angustias (hija de . . .) 39
Magdalena . . . 30
Amelia . . . 27
Martirio . . . 24
Adela . . . 20
~~Criada~~ (criada) 50
La Poncia (criada) 60
Prudencia 50
~~...~~ 50
~~...~~ 25
~~...~~ 40
Mujeres de luto
~~...~~
~~criadas~~
~~...~~
~~...~~

El poeta advierte que estos tres actos tienen la intención de un documental fotográfico

Primera hoja del autógrafo

ANALISIS DEL AUTOGRAFO. ¿UNA VERSION DEFINITIVA?

La casa de Bernarda Alba se estrenó el 8 de marzo de 1945 en el teatro Avenida de Buenos Aires, en representación realizada por la compañía de Margarita Xirgu, quien encarnaba el personaje de Bernarda. Pocos días después, el 14 de marzo, está fechada la primera edición del drama, que la editorial Losada incluye como obra suelta en su Biblioteca Contemporánea. Aunque no se indica, la edición debió estar al cuidado de Guillermo de Torre, editor para Losada de las *Obras Completas* de García Lorca. La segunda edición termina de imprimirse el 3 de octubre del mismo año 1945, todavía como volumen independiente de las mencionadas *OC*.

El autógrafo de la obra, que he usado para fijar esta edición, se había conservado entre los papeles del poeta guardados en Granada por su familia, felizmente preservado de registros y posible destrucción. Unicamente se conocen en reproducción facsímil sus cuatro primeras hojas, cedidas por Francisco García Lorca a las editoras de la revista *Rastros* (1, Vassar College, Poughkeepsie, New York, 1959-1960, pp. 6-7). Corresponden a las tres hojas iniciales del primer acto, numeradas por el autor, y a una previa, carente de numeración, donde constan título y subtítulo, «personas» y advertencia preliminar. Es esta hoja suelta la que más correcciones tiene, frente a las tres restantes, que ostentan una escritura casi carente de enmiendas, en lo que se asemejan al resto del autógrafo. No obstante, en el cotejo de las cuatro hojas indicadas con la versión impresa se observa un pequeño número de variantes, errores evidentes de lectura o imprenta. Su comprobación me ha inducido a examinar el resto del manuscrito, dado que éste es la fuente directa de Losada. La muerte del poeta en agosto de 1936, dos meses después de la datación del autógrafo, imposibilitó, de acuerdo con todos los datos conocidos, el que García Lorca entregara su obra a un copista, según tenía por costumbre antes de proceder a ensayos y estreno. Parece fuera de duda que la edición Losada, de la que provienen todas las que luego se han sucedido, está basada en el autógrafo citado, único que se conoce.

Como la mayor parte de los manuscritos del poeta, éste se compone de hojas sueltas tipo cuartilla (17 por 23 cms.), escritas en sentido vertical sobre una sola cara y dobladas por el centro. La escritura ha sido realizada a tinta y a plumilla, como denotan gordos y finos. La numeración de las hojas es independiente para cada uno de los actos, los cuales ocupan, respectivamente, 27, 26 y 23 páginas.

Frente a otros autógrafos de piezas dramáticas del poeta, el de *Bernarda Alba* llama la atención por la casi carencia —en términos relativos— de correcciones, sobre todo si descontamos los arrepentimientos sobre palabras a medio escribir (luego sustituidas o reescritas) y la enmienda de pequeños lapsus de escritura. Esta peculiaridad del manuscrito plantea el problema, sin duda importante, de si estamos o no ante la versión autógrafa que García Lorca consideraba definitiva. No es posible dar una respuesta concluyente, pero se pueden seguir al menos una serie de indicios para llegar a una hipótesis. Argumentaré sustancialmente a partir de las cuatro hojas mencionadas, aquellas que el lector interesado puede examinar en *Rastros*.

En principio un autógrafo que por su carencia general de correcciones, o por el tipo de las existentes, es una versión «limpia» no exige necesariamente un borrador previo. El poeta podría haber partido de una concepción minuciosamente calculada antes de entregarse a la escritura de su obra. Así parecen indicarlo las tachaduras y

rrecciones que se producen en varios casos al hilo mis-
o de la redacción. En la página 2 del primer acto, para
ner un solo ejemplo, aparece la siguiente réplica de
ncia, referida a María Josefa: «Tiene unos dedos como
co ganzúas». En realidad García Lorca sobreimpone
dedos» sobre otro sustantivo que podría ser «manos»,
cha a continuación «y una fuerza todavía» y olvida
odificar la concordancia en femenino de «unas». La fra-
resultante, poniendo entre corchetes lo tachado, se lee
í: «Tiene unas [manos] dedos [y una fuerza todavía]
mo cinco ganzúas.» La primera posible réplica —«Tie-
e unas manos y una fuerza todavía»— ha sido corregida
bre la marcha a la búsqueda de una mayor precisión y
ontundencia, que la comparación coloquial agudiza. Su-
ado este ejemplo a otros que omito (pero que ofrecen
s mismas características), podría deducirse que el autor
scribe de primera instancia. Sin embargo, el argumento
o es probatorio, pues el supuesto de un borrador pre-
o no invalida la existencia de correcciones del tipo indi-
do. Ni la copia tendría que ser puramente mecánica,
i casa con el carácter del poeta una labor semejante.
demás, los autógrafos teatrales (y poéticos) de García
orca que se han reproducido en facsímil —*El público,
si que pasen cinco años*— no muestran una escritura
n homogéneamente limpia como el de *La casa de Ber-
arda Alba*.

Pensemos, pues, en el caso contrario: el autor redacta
1 manuscrito a partir de un borrador perdido. Esta es
a posibilidad por la que me inclino, si bien no cabe ahora
xtenderse en un análisis pormenorizado de tal hipótesis.
Me ceñiré, por tanto, al examen de la primera hoja no
umerada del manuscrito, a cuyo contenido ya he hecho
lusión. Llama en primer lugar la atención el que esta
uartilla tenga más correcciones que ninguna otra. La
dvertencia, como he indicado en la introducción, ha sido
ambiada. García Lorca ha tachado la frase que al pie
e la página aparecía entre guiones («—La acción en un
ueblo andaluz de tierra seca—») y ha escrito debajo, en
l espacio en blanco que le restaba: «El poeta advierte
ue estos tres actos tienen la intención de un documen-
al fotográfico.» Si se analizan otras tachaduras de la
isma hoja, así como el distinto tipo de letra de la correc-
ión, podría concluirse que la advertencia sustitutoria fue
ñadida en un momento diferente al de la redacción pri-

mera de la cuartilla, acaso en una revisión global o autógrafo.

Admitida la evidencia de dos posibles clases de escritura por parte de una misma mano, es cierto que l razones grafológicas esbozadas dejan un ancho margen de duda. No obstante, la discutible premisa podría ver apoyada por una serie de datos cuando menos sorprendentes, los cuales tienen entidad por sí mismos. En lista del *dramatis personae,* anterior sin duda alguna la redacción de la obra, aparecen varios nombres de personajes que finalmente no participarán en la acción dramática proyectada. Tras los nombres de Bernarda, s hijas y su madre, aparece el personaje de la Criada, llamada Josefa, nombre que es tachado. Continúa la lis del siguiente modo, las cifras referidas a la edad de l personajes:

La Poncia (criada).	60
Prudencia	50
[Apolinar]	[50]
[José	[25]
Nicasio]	
[Araceli]	[40]
[Mujeres—]	Mujeres de luto
[Mozos, criadas]	
[La bailarina]	
[El hombre de la guitarra—]	

Todos los personajes y cifras entre corchetes han sid tachados. Por el aprovechamiento del espacio interlinea se deduce que el nombre de Prudencia ha sido añadid en una revisión de la lista, acaso en el mismo moment en que aparecen las Mujeres de luto, las cuales suple al grupo indeterminado de Mujeres. Lo lógico es pensa que Prudencia y las Mujeres de luto debieron surgir a repasar la lista, una vez concluida o ya avanzada la obra como personajes que habrían nacido en el momento d la escritura. Es sintomático a este respecto el olvido d la Mendiga.

Otro es el caso de la pareja José-Nicasio. El segund nombre debió ser escrito a modo de tanteo provisional en prevista, pero no decidida, sustitución del primero Vendría a probar esta suposición el hecho de que a Ni casio no se le asigne edad, como si se acogiera a lo veinticinco años de José. El uso de los espacios interli ares parece apoyar esta misma hipótesis, dando a entender que los dos nombres han sido consignados en la primera y unitaria redacción. Por otro lado, José se identifica con Pepe el Romano. Un dato lo confirma. En la página 8 del primer acto (hablo siempre del autógrafo) la Muchacha que aparece entre las Mujeres de luto le dice a Angustias: «José estaba con los hombres del duelo.» El poeta tacha el nombre y escribe debajo, con letra de reducido tamaño: «Pepe el Romano». La misma corrección, reducida al doblete José-Pepe, se produce en una intervención casi inmediata de Bernarda: «A [José] Pepe no lo ha visto ni ella ni yo.» Fuera de estos dos casos, prácticamente contiguos, no se comprueba una rectificación semejante en todo el autógrafo. ¿Partía el autor de un borrador previo y el nombre de José no fue más que un *lapsus calami?*

Dejando ahora estas conjeturas, el hecho de bulto es la presencia en la lista de personajes (antes de su corrección) de algunos que no tendrán participación en la obra, desde Araceli, mujer de cuarenta años, a los plurales mozos y criadas, la bailarina y el hombre de la guitarra. Son, menos Araceli, personajes que parecen apuntar a obras como *Los sueños de mi prima Aurelia,* es decir, que sugieren el proyecto de escenas festivas y tumultuosas. Notemos simplemente que éstas se dan también en las tragedias, *Bodas de sangre* y *Yerma,* con el mismo acompañamiento musical que implica el hombre de la guitarra. Panderos y carañacas (instrumento de caña que no ha de confundirse con «carracas») acompañan el canto de los segadores. Ni sombra, pues, de guitarras: sólo instrumentos que marquen el ritmo. Pero, antes de que se oiga el canto exterior, narra la Poncia: «Anoche llegó al pueblo una mujer vestida de lentejuelas y que bailaba con un acordeón, y quince de ellos [los segadores venidos de fuera] la contrataron para levársela al olivar.» He ahí a la bailarina. La anécdota de Paca la Roseta en el primer acto, contada también por Poncia, da a entender otra lúbrica escena nocturna en el mismo olivar, con baile incluido. Paca la Roseta vuelve de mañana al pueblo despeinada y con una corona de flores en la cabeza. Pero estas escenas ocurren entre los hombres y fuera del pueblo. Su posible utilización en la obra quedaría descartada por la omnímoda presencia de un escenario apenas cambiante: tres dependencias de la casa donde viven Bernarda y sus hijas. El autor eliminó,

pues, el contrapunto de episodios como el del tercer act
de *Yerma:* danza pagana de la romería. La lista de per
sonajes demuestra, sin embargo, que García Lorca pens
en introducir momentos de canto y baile, quizá acentuan
do la presencia coral de los segadores, al modo de lo qu
sucede en *La hija de Iorio,* tragedia de D'Annunzio qu
deja una leve huella en la de Lorca.

A mi entender, han de entenderse al pie de la letra la
declaraciones de Salazar y Altolaguirre (págs. 37-38 de l
introducción), más precisa la del poeta malagueño. Garcí
Lorca suprimió realmente versos de canción —romancillo
y letrillas, dice Altolaguirre—, aun en el supuesto de qu
las escenas correspondientes sólo estuvieran imaginadas o
insinuadas de modo incipiente en el borrador. José Berga
mín recordaba («La luz de esta memoria», *Sábado Grá
fico,* 23-III-1976, pág. 21) que el poeta sólo estaba satis
fecho del primer acto, y que pensaba «rehacer o modifica
los siguientes». Vacilaciones parecidas han sido recogida
por Jean Gebser (*Lorca, poète-dessinateur,* París, GLM
1949, p. 16). Tras leerle su nueva obra, García Lorc
habría comentado: «Tu vois, c'est une pièce où n'appa
raissent que des femmes et je me demande si, tout de
même, il ne faudrait pas y réserver un rôle d'homme. J'y
réfléchirai encore à Grenade». Antes de la lectura, y alu
diendo a la ausencia de papeles masculinos, ya había subra
yado la misma preocupación: «Me pregunto si no es de
masiado atrevido.» Sobre estas palabras debía gravitar
la no lejana polémica desatada en torno a *Yerma.* Claude
Couffon (*A Grenade, sur les pas de García Lorca,* París,
Seghers, 1962, p. 99) recoge de labios de Luisa Camacho,
tía de Luis Rosales, que en los días anteriores a su apre
samiento el poeta «retoca» *La casa de Bernarda Alba,*
aparte de trabajar en el *Jardín de los sonetos.* El primer
punto no ha sido confirmado después por Luis Rosales,
pero tiene a su favor la máxima validez de los recuerdos
de Luisa Camacho, que en aquellos pocos días —algo más
de una semana— trató a García Lorca asiduamente, ya
que se alojaba en su piso. Rosales, como falangista impli
cado en el levantamiento granadino contra la República,
sólo volvía de noche a la casa familiar, donde su tía ocu
paba dependencias aisladas. (Véase la descripción de la
casa en Ian Gibson: *Granada en 1936 y el asesinato de
García Lorca,* Barcelona, Crítica, 1979, p. 175.) El mis
mo autógrafo muestra que ha sido retocado a lo largo

e una o más relecturas, lo · que viene a confirmar la
xactitud del recuerdo de Luisa Camacho. Estos retoques
fectan a los tres actos. Son añadidos intercalados con
tra diminuta, para salvar la carencia de espacio, si bien
o alcanzan un gran número ni extensión. Atienden a
cotaciones y a intervenciones de un solo personaje o de
arios. En otro orden entrarían pequeñas correcciones del
po de las arriba señaladas.

Recapitulando los datos reunidos, tanto Gebser como
ergamín notifican la preocupación o dudas del poeta so-
re aspectos de su obra; al mismo tiempo, los autógrafos
e las piezas editadas en facsímil por Martínez Nadal dis-
an mucho de un autógrafo como el de *La casa de Ber-*
arda Alba, al parecer retocado en agosto del 36, cuando
García Lorca se refugia en casa de los Rosales. Pero este
utógrafo, el único conocido, sería un original en limpio,
liminadas ya las vacilaciones de concepción que denota,
unto a los testimonios indicados, la lista de personajes.
ante la seguridad de escritura que en términos generales
nuestra el autógrafo, cabe sostener que la hoja no foliada
onde figuran las «personas» es la única (o una de las
ocas) procedente de un borrador primero, roto por el
utor o desaparecido. Se habría producido, pues, un tra-
ajo de depuración que implicaría dos tiempos: puesta en
impio, a la vez que corrección, de una primera versión;
evisión y fijación de la segunda y definitiva. Esta hipó-
esis, en la que no es ocasión de demorarse más, se ve
poyada en el contraste con el proceso de escritura de
tras piezas lorquianas, como *La zapatera prodigiosa* o el
Retablillo de don Cristóbal, de las que se conoce más de
na versión. En el caso de *La zapatera* (véase mi edición,
Obras, 7, Madrid, Alianza, 1982, pp. 196-201) se deduce
ue tuvo que existir al menos una versión autógrafa per-
dida, la que sirvió de puente entre el autógrafo conocido
y la versión representada en el estreno de 1930. De *La*
casa de Bernarda Alba, en cambio, sólo se habría conservado la última versión, quizá ya iniciada en Madrid. Los
rrores que ofrece son propios de cualquier manuscrito,
pero muchos ofrecen las características distintivas de un
riginal preparado por el autor sobre un autógrafo previo.
Estos errores, a veces pequeñas omisiones, habrían sido
ubsanados por García Lorca sobre el apógrafo que en-
cargaba siempre a un mecanógrafo en orden a los ensayos
y estreno de sus piezas teatrales.

Ocurre también que algunas palabras ofrecen en autógrafo una lectura dudosa o imposible. Así, para citar un caso, he corregido la transcripción del apellido Humanes, Humanas en todas las ediciones anteriores. La simplificación en el trazo de las vocales finales, o de toda la sílaba última de una palabra, da lugar a este tipo de problemas. Al menos en un caso se lee «Humanes» con cierta claridad. Además, la existencia del apellido se ve apoyada por el topónimo del mismo nombre: Humanes, pueblo de la provincia de Guadalajara. Más dudoso es la lectura del apelativo de Evaristo «el Colín», marido de Poncia al que ésta alude. He interpretado con ayuda del contexto «el Colorín», ante la imposibilidad de llegar a una lectura fiable en uno u otro sentido.

Más aún, si Homero dormita de vez en cuando, García Lorca olvidó dos veces en el primer acto que las hijas de Bernarda eran cinco, mencionando a seis, como si entrara en el recuento la anciana María Josefa. La transcripción realizada para Losada debió intentar corregir estos descuidos, en algún caso más allá de lo que exige la fidelidad a la escritura del poeta. He tenido en cuenta, advirtiéndolas, estas correcciones. No obstante, me he apartado, por ejemplo, de la unificación de las menciones de Poncia, quien solamente en acotación es nombrada con artículo, al modo coloquial. He mantenido también el orden por aparición que ha marcado el autor para la Muchacha 1.ª y Criada 1.ª. Es claro que no hay entre las Mujeres de luto ninguna otra muchacha, por lo que era innecesario señalar la prelación. En cuanto a la Criada, el mismo poeta no siempre la menciona como 1.ª. Al carecer de nombre, no era necesaria su diferenciación ordinal frente a Poncia. Puede que este sea el motivo de la no unificación de criterio por parte del autor.

En el aparato de variantes transcribo en primer lugar la lectura de Losada, dando en segundo término la del autógrafo, que es la que adopto en caso de divergencia. Las variantes del manuscrito están transcritas con su misma puntuación, carencia de acentos, si la hubiera, y ocasionales faltas de ortografía. Las acotaciones no se señalan con cursiva, tal como aparecen en el autógrafo. Independientemente de esta transcripción, regularizo el texto decidido al que hago referencia, ya que está fuera de lugar en una edición como la presente el copiar *ad pedem litterae* el manuscrito. Las variantes notadas tienen, pues,

valor de justificación de las modificaciones introducidas
el texto conocido.

No habiendo podido consultar la primera edición del
ama, me he guiado para el cotejo efectuado por la se-
nda, ya citada, a la cual remiten todas las variantes.
gradezco la fotocopia que de esta edición de 1945 me
proporcionado amablemente Andrew A. Anderson.) Por
imo, sigo criterios adoptados en mi edición de *Yerma*
ntro de esta misma colección de *Obras de García Lorca,*
í, los números que preceden a cada variante señalan,
pectivamente, página y línea de esta edición. Omito
ialar las tachaduras del manuscrito. Si no se indica lo
ntrario, la referencia primera es al texto de Losada
), con indicación inmediata, mediante la separación de
s puntos, de la variante procedente del autógrafo *(M).*
ilizo ocasionalmente las abreviaturas om y add para tex-
omitido o añadido. Las observaciones complementa-
as que he considerado de interés, como explicación de
s opciones asumidas, van en letra cursiva, aunque han
distinguirse de las variantes de acotaciones, en el mis-
o tipo de letra cuando proceden de *L* o indican texto
almente adoptado.

RITERIO DE LA EDICION

Como he avanzado, baso la presente edición de *La casa*
e *Bernarda Alba* en el autógrafo del Archivo García
orca. Me ha sido posible utilizarlo por cortesía de Ma-
uel Fernández-Montesinos. Me aparto, pues, de todas las
diciones anteriores, que siguen la de Losada. En ésta se
jó una versión imperfecta, que altera en detalles meno-
es, algunos trascendentes, la escritura original del poeta.
ste no tuvo tiempo material, ni ocasión, para encargar
na copia, de la que tampoco se encuentra huella en el
nencionado archivo. Fue seguramente algún miembro de
a familia del poeta el que realizó la utilizada por Losada.
uede que fuera una de estas copias —y no, como sugiere,
tra encargada por Federico— la que recuerda haber visto
Manuel Orozco: «Un inédito de Lorca», *Insula,* 355 (1976),
ágina 4.

Las adiciones al texto que introduce sin advertencia alguna la edición Losada —bien sea un término que la
onstrucción sintáctica exige, dentro de los usos del autor,

o una acotación claramente olvidada, exigida por el co texto, o una entrada de personaje no advertida— las diferenciado en mi edición enmarcándolas entre corc tes. No siempre he reflejado en el aparato de varian estas visibles correcciones del texto. Sin duda la revisi que el autor hizo de su manuscrito no fue meticulosa, e tre otros motivos porque este tipo de meticulosidad no e una de sus virtudes.

APARATO DE VARIANTES

PERSONAS

Sigo la hoja primera del autógrafo, desarrollando la abreviaturas o signos y añadiendo entre corchetes los pe sonajes no especificados por el autor, como la Mendig con niña del primer acto. Enumero del mismo modo la cinco Mujeres de luto —cuatro mujeres y una much cha— tal como aparecen en el mismo acto. El autor aco hiperbólicamente: doscientas. En sus intervenciones qu dan reducidas al mismo número que las hijas de Bernard Se entiende, no obstante, que en el grupo de enlutada Mujeres puede haber algunas que no participen en el di logo.

Corrijo, de acuerdo con L, la edad de Angustias señala da por el autor: treinta y seis años. En la obra Bernard afirma que Angustias tiene treinta y nueve años justo (pág. 68); su hermana Magdalena asegura en otro momen to que cuarenta (pág. 75). La vacilación es dramáticament coherente con la intención de los personajes, aunque s supone que la edad verdadera es la dicha por la madre. L diferente edad en la lista de «personas» sería una prueb más de la pertenencia de la hoja a una etapa anterior distinta a la representada por el autógrafo.

49, 9. (*Sale la* Criada): (Sale la Criada 1.ª) || 50, 4. E la única que quería al padre: Era a la única que querí el padre. || 50, 21. cerrada: encerrada|| 52, 18. dicen dice || 52, 30. cinco mujeres, cinco hijas feas, que qu tando Angustias: seis mujeres, seis hijas feas, que qu tando a Angustias. *Corrijo, de acuerdo con L, el lapsu del autor. La aposición da a entender la identidad d* seis mujeres, seis hijas, *por lo que ha de descartarse en la suma María Josefa. El texto debería decir* cinco mujeres, cinco hijas || 53, 20-21. En el «Pater Noster» subió, la voz: En el Pater Noster subió subió subió la voz || 53, 21-22. cántaro de agua llenándose: cántaro llenándose de agua || 54, 14. *(fuerte y con cierta irritación)*: (fuerte con cierta irritación) || 55, 6. entraseis: entrarais || 55, 14. y toalla para llevarla: y tohallas de seda para llevarla || 55, 20. pañuelos grandes, faldas: pañuelos grandes faldas. *Interpreto* pañuelos, grandes faldas || 55, 29. *las* doscientas: las *doscientas. El numeral está subrayado por el autor.* || 55, 30. *y sus cinco hijas*: y sus seis hijas. *Corrijo, como en el caso anterior*: y sus cinco hijas || 55, 30-31. (Bernarda viene apoyada en un bastón) *om L* || 56, 15. MUCHACHA: Muchacha 1.ª || 57, 12-13. *Antepongo acotación a respuesta, a la inversa que en L, porque la acción de salir es, por lógica, previa a la casi simultánea réplica. La confusión procede de M, donde el poeta escribió la acotación y olvidó la réplica, que añadió luego en el espacio interlinear superior.* || 57, 18. Ya: La || 58, 5. ella: ni ella || 58, 11. *(aparte, en voz baja)*: (aparte y en baja voz) || 58, 13. *(lo mismo)*: (aparte y en baja voz) || 58, 17. y ése: y a ese || 60, 7. donat: dona || 60, 9. Et: E. *Corrijo el error, siguiendo a L* || 60, 9. luce ab: luceat || 60, 18. *puerta que*: puerta la que || 60, 21. trigo: lujo || 61, 6. (golpea con el bastón) *om L* || 61, 7. casas: cuevas || 62, 16. Hacemos: Haceros || 63, 19. *(Sale la criada.)*: (sale la criada 1.ª) || 63, 24. parecerle. Mi abuelo: parecérsele. Mi abuela || 64, 2. que tú le das: que le das || 64, 6. Dejadla: Déjala || 64, 21. de ropa: la ropa || 65, 1. *(con intención)*: (con retintín) || 65, 2 las rendijas: la rendija || 66, 7. *(avanzando y gonpeándola)*: (avanzando con el bastón) || 66, 8. (le da) *om L* || 68, 6. untuosas: untosas || 69, 13. CRIADA: Criada 1.ª || 69, 24-25. lentamente y: lentamente apoyada en el bastón y || 71, 9: y se casó: y casó || 72, 4. Humanas: Humanes || 74, 10. MAGDALENA: Mar[tirio] || 76, 10. vcinticinco: veinte y cinco. *Regularizo de acuerdo con L.* || 76, 15. narices: nariz || 76, 21. me valga: nos valga || 76, 26. queríais: querías || 77, 8. Es lo mejor que: Es lo que mejor || 77, 19. puedes: puede || 78, 22. puedo: quiero || 78, 28. Criada: criada 1.ª || 79, 3. CRIADA: Criada 1.ª || 79, 12. (*Aparece la* Criada.) CRIADA: Criada

173

(apareciendo) || 80, 2. hasta: hacia || 80, 24. muerte: misa || 81, 14. un: su || 81, 19. en: con || 82, 6. *golpeando*: golpeando con el bastón || 83, 2. No, no me callo.: No, no callo.

85, 7. tercer *L* y *M*. Respeto la apócope, inusual ante femenino || 87, 5. de fresco: el fresco || 87, 5. *La* Criada: la Poncia || 87, 7. por el: del || 87, 15. subía: salía || 87, 25. ¿Sí?: Sí || 88, 7. *Mantengo* AMELIA *en lugar de* MARTIRIO, *corrección injustificada que introduce Aguilar.* || 90, 6. Colín: Colorín. *Palabra de grafía confusa. Interpreto con apoyo del contexto.* || 90, 26. van: va || 91, 13. si le dejo: lo dejo || 93, 2. estabas: estaba || 94, 2. paso: pase || 94, 3. *Añado, con L, acotación, claramente deducible de la anterior.* || 99, 7. mantehuelos: manteruelos || 99, 27. del: al || 105, 2. barrunto: volunto || 106, 7. *Antepongo acotación a réplica de Angustias, a la inversa que en L. La confusión nace de una lectura descuidada de M.* || 108, 22. *golpeándola*: golpeándola con el bastón) || 109, 19. ¿Para qué lo: ¿Para qué otra cosa lo || 109, 21. tú nunca: tú no || 113, 22. lo que tú: tú lo que || 113, 23. Humanas: Humanes || 114, 18. Y si pasa: Y si pasara || 114, 19. traspasará: traspasaría || 115, 16. ¡sí! con: ¡sí! o con || 118, 12. Yo: Ya || 119, 2. sin que yo lo sienta: que yo no sienta || 121, 19. la decencia: su decencia.

124, 16. y el corral: del corral || 125, 9. golpe dado: golpe como dado || 125, 22. *(interrumpiendo)*: (interviniendo) || 129, 18. de fresco: el fresco || 132, 17-18. necesita: necesite || 135, 17. (Sale la Poncia) *om L* || 135, 18. LA PONCIA *(saliendo) add L* || 137, 11. un golpe: un golpe de sangre || 137, 23. Voy: Yo voy || 137, 25. quieres que te llame?: quiere que la llame? || 138, 22. Hay quien cree que habló muchas veces: Hay quien no cree que habló muchas noches. *Siguiendo a L, suprimo* no, *posible lapsus del autor.* || 140, 18-19. descansar: descanso || 141, 8-9. Bernarda, / cara de leoparda. / Magdalena, / cara de hiena.: Bernarda, cara de leoparda. /

Magdalena, cara de hiena. || 141, 13. (ríe) *om L* || 141, 18-19. Bernarda, / cara de leoparda. / Magdalena, / cara de hiena.: Bernarda, cara de leoparda. / Magdalena, cara de hiena. || 143, 4. espumas: espuma || 143, 14. Yo quiero: Yo no quiero || 143, 20. No granos de trigo.: No granos de trigo, no. || 143, 21. MARTIRIO: Mar[tirio] (enérgica) || 144, 3. (sale) *om L* || 144, 20. *(En voz alta)*: (en voz mal alla). *Interpreto (En voz más alta.)* || 144, 22. seguir así: seguir || 145, 16. *(despechada)*: (desesperada) || 145, 25. abrace: abraza || 146, 4. Le: Lo || 147, 2. Sí. Sí. *(En voz baja.)*: si, si en voz baja. *Corrijo, al igual que L, el posible lapsus del poeta, que no ha marcado con paréntesis lo que parece ser acotación.* || 148, 20. un bastón: el bastón || 148, 23. (Sale Magdalena) *om L* || 148, 24. MAGDALENA *(saliendo)*: MAGADALENA || 149, 10-11. *(Sale detrás* Martirio. *Aparece* Amelia *por el fondo, que mira aterrada con la cabeza sobre la pared.)*: se [ilegible] la Pon[cia] aparece Amelia por el fondo que mira aterrada con la cabeza sobre la pared) (sale detrás Martirio). *Mantengo el orden de la acotación de M, si bien omito la referida a Poncia, por la imposibilidad de una lectura fiable.* || 150, 4. su jaca: la jaca || 150, 17. *(Suena un golpe)*: (se como un golpe). *La acotación está añadida sobre la línea ya escrita, en letra diminuta y poco legible. Interpreto (Se [oye] como un golpe.) en la hipótesis de que el poeta hubiera omitido un verbo en una escritura rápida.* || 151, 13. tú irás: irás.